讀書敏求記

清·錢曾 著 清雍正四年趙孟升松雪齋寫刻本

江蘇大學出版社
JIANGSU UNIVERSITY PRESS

鎮 江

圖書在版編目（ＣＩＰ）數據

讀書敏求記 /（清）錢曾著 . — 影印本 . — 鎮江：
江蘇大學出版社 , 2019.10
ISBN 978-7-5684-1186-8

Ⅰ . ①讀… Ⅱ . ①錢… Ⅲ . ①善本—圖書目録—中國
—清代 Ⅳ . ① Z838

中國版本圖書館 CIP 數據核字 (2019) 第 203988 號

讀書敏求記

著　　者/〔清〕錢　曾
責任編輯/任　輝　董國軍
出版發行/江蘇大學出版社
地　　址/江蘇省鎮江市夢溪園巷 30 號（郵編：212003）
電　　話/0511-84446464（傳真）
網　　址/http://press.ujs.edu.cn
印　　刷/北京虎彩文化傳播有限公司
開　　本/850mm×1168mm　1/16
印　　張/29
字　　數/232 千字
版　　次/2019 年 10 月第 1 版　2019 年 10 月第 1 次印刷
書　　號/ISBN 978-7-5684-1186-8
定　　價/900.00 圓

如有印裝質量問題請與本社營銷部聯繫（電話：0511-84440882）

出版説明

現代漢語用『圖書』表示文獻的總稱，這一稱謂可以追溯到古史傳説時代的河圖、洛書。在從古到今的文化史中，圖像始終承擔著重要的文化功能。傳説時代的大禹『鑄鼎象物』，將物怪的形象鑄到鼎上，使『民知神奸』。在《周易》中也有『製器尚象』之説。一般而論，文化生活皆有與之對應的物質層面的表現。在中國古代文獻研究活動中，學者也多注意器物、圖像的研究，如《詩》中的草木、鳥獸，《山海經》中的神靈物怪，《儀禮》中的禮器、行禮方位等，學者多畫爲圖像，與文字互相印證，成爲經學研究中的『圖説』類著述。至宋元以後，庶民文化興起，出版業高度發達，版刻印刷益發普及，在普通文獻中也逐漸出現了圖像資料，涉及植物、動物、日常的物質生產程序與工具、平民教化等多個方面，其中流傳至今者，是我們瞭解古代文化的重要憑藉，通過這些圖文并茂的文本，讀者可以獲得對古代文化生動而直觀的感知。

爲了方便讀者閲讀，我們將古代文獻中有關

一

圖像的版畫、彩色套印本等文獻甄選數種精品，輯爲叢刊正式出版。

本編選目兼顧文獻學、古代美術、考古、社會史等多個種類，取材廣泛，版本選擇也兼顧了古代東亞地區漢文化圈。圖像在古代社會生活中的一大作用爲促進平民教化，即古人所謂的『圖像古昔，以當箴規』（語出何晏《景福殿賦》）。明清以來，民間勸善之書，如《陰騭文》《閨範》等，皆有圖解，其所宣揚的古代道德意識中的部分條目，固然爲我們所不取，甚至應該是作爲批判的對象，但其中精美版畫，除了作爲古代美術史文獻以外，也可由此考見古代一般平民的倫理意識，實爲社會史研究的重要材料。

本編擬目涉及多種類型的文獻，茲輯爲叢刊，然亦以單種別行爲主，只有部分社會史性質的文本，因爲篇卷無多，若獨立成册則面臨裝幀等方面的困難，則取同類文本合爲一册。文獻卷首都新編了目錄以便檢索，但爲了避免與書中内容大量重複，無謂地增加篇幅，部分新編目錄較原書目錄有所簡略，也有部分文本性質特殊，原書中本無卷次目錄之類，則約舉其要，新擬條目，其擬議未必全然恰當。所有文獻皆影印，版式色澤，一存古韻。

目録

讀書敏求記

虞山錢遵王先生著

吳興趙氏松雪齋刊

牧翁錢氏曰聚書不同有讀
書者之聚書有聚書者之聚
書而坡翁蘇氏曰諸子百家
之書近歲轉相摹刻多而易
致然夷攷其時以聚書之富
流傳紀乘者約略可屈指數
如宋宣獻畢文簡王原叔錢
穆父王仲至家暨荆南田氏

應陽沈氏譙郡祁氏而已而
顛錯叢麗亦浞二有之惟吳
中曾文彥和賀鑄方回二家
書皆手自讐挍丹鉛儼然然
則書雖易致而聚書者之雅
難得而持本讀新討源流而
別黑白者之尤為難之難自
古然矣我

虞山錢遵王積書書逾万卷
其間宋元槧本為多因取
今亚俗本之脫誤顛倒者
手挍之凡是且非如以匙
勘鑰遠毛舉其目各為論
次著於錄得四卷署曰敏
求記而吾乃用享趙君為
刊鋟之以行於戲道成於

學而藏於書故索道于斯
坐者必究塗焉若遵王所
為觀其舉而已於學何補
雖然頹之推當言之技正
書籍亦何容易揚雄劉向
方稱此職爾然則覽是書
者毋輕議其雖本飭末也
長城王豫立甫書

國家文明之治與宋埒而聚
書家之多則不啻百乎過之
其發為高文典冊黼黻昇平
者可不論遵王錢先生牧翁
老孫子也以布衣聚書自人
世諸閣記暨霞宮丹甲汲冢
覆釜諸等靡不儘雅無�슐宣
獻文簡諸鉅公既巳耿諸曾

見諸詩歌古文又恐其聚久
必揫萃於烟雲之過眼復為
摧古商今書之於冊使人異
家殊者欲然霧解所謂讀書
敏求記是也蓋其精當宲有
以勝彥和方回二家而不徒
為聚書者之聚書如此余惜
其尚未克流布通邑大都爰

付開雕氏以傳寫為疏蘇氏
錢氏語於簡端以見聚書於
書易致之時尚難而讀書者
之聚書為尤難而以著戒
國家之盛於無窮也
雍正四年四月吳興趙孟升
書

二松雪齋

天文

五行

六壬

奇門

曆法

卜筮

星命

相法

宅經

集

詩集

總集

詩文評

詞

吳興趙孟升用亨校

讀書敏求記卷第一

也是翁錢　魯　遵王

經

周易十卷

北宋刻本經傳一之六王弼註繫傳七之八說
卦序卦雜卦九韓康伯註略例十邢璹註卷首
有貞元伯雅二圖記知是鳳洲先生藏書也

京氏易傳三卷

京氏易傳陸續註予藏舊抄本四種其一書法

甚佳

關氏易傳二卷

關朗易傳天水趙蕤註秦酉岩取楊五川陳抱

冲兩先生善本對錄者爲第一

程伊川易傳六卷

有宋談易諸家尚占者宗康節以義理爲虛文

尚辭者宗伊川以象數爲末伎羲畫周經判然

兩途矣晦菴曰易傳不看本文亦自成一書蓋

得程子之深者也經籍志載十卷吾家所藏宋

剝本止六卷今考程朱傳義後二卷小序曰程

先生無繫辭說卦序卦雜卦全解東萊精義載

先生解幷及遺書今並編入續六十四卦之後

題之曰後傳廣程朱二先生皆有全易云則是

子所藏六卷爲程氏原書而後傳乃據精義遺

書攙入者端臨通考亦未爲核也尋討伊川本

旨爲之掩卷憮然

慈湖書二十卷

此爲楊慈湖易傳其逐卷簡端所題如此

蘇東坡易解九卷

明初人鈔本繕寫極精好

朱子周易本義十二卷

伏羲始畫八卦因而重之有六十四卦而未有
辭也文王作上下經乃始有辭孔子作十翼象
傳二象傳二繫辭二文言說卦序卦雜卦各一
其辭乃儒然辭本于象象本于畫易之理盡于
畫豈可捨象而專論辭之理哉漢去古未遠諸
儒訓解多論象數蓋有所本而云然耳自費直

之易行至魏王弼為之註而韓康伯繼之取孔

子之傳附于每卦之下欲學者兩讀以就其註

經傳混淆沿襲至隋唐莫之或改也唐大宗命

諸名儒定九經正義易註則取王韓孔穎達輩

以為時所尚遂著為定論古易本旨之沉晦不

能明久矣有宋呂汲公王原叔晁以道李巽岩

呂東萊諸公皆以分經合傳非古而吳仁傑祝

與權編周易古經則極論王弼之失至朱子斷

然主經傳釐而晰之于是古周易之序次曉然

共白于後世俞琰熊過之徒始知取道適從矣

然學易者精微之肯無過輔嗣康伯宋儒往往

抹擦之此則宋儒之過也

胡方平易學啓蒙通釋二卷

易有象數明于象數而後易可讀啓蒙專明象

數蓋為讀本義者作耳胡方平通釋之象本圖

書而形于卦畫數衍著策而達于變占易之體

用全矣昔楊文貞公得此書于伯氏無何失去

伯氏聞之不樂至形諸訴言昔人矜重書籍如

此後學勿漫觀之

俞琰周易集說

俞玉吾讀易三十餘年終日不食終夜不寢畢

精研思以致力于此然後命筆成書稿凡四更

并取繫辭傳說卦序卦雜卦等篇改竄皆畢名

曰周易集說從來讀易之士無有終身以之名

是者也或疑上經卦三十下經卦三十四多寡

不均玉吾謂卦有對體有覆體上下皆約爲十

八無有不均條晰精確而上下之篇定又謂文

讀書又口[?]一經

四

王之辭謂之經孔子之辭謂之傳傳辭所以釋

經也經有彖辭即文王所繫于卦下之辭孔子

釋文王卦下之辭而傳述其意故謂之彖傳古

者經與傳各爲一書自費直以傳解經其後鄭

玄以彖傳連經文然猶若今之乾卦次序至王

弼乃自坤卦始每卦以彖傳聯綴于彖辭之後

又加以彖曰二字後人遂不謂之彖傳而直謂

之彖則文王之彖辭謂之何哉又按陸德明釋

文梁武帝言文言文王所制玉吾謂梁武之說

必有所據則彖辭爻辭皆文王之言而孔子傳

述之古易題曰文言傳良是矣又云爻傳者孔

子釋文王爻辭而傳述其意王弼分附于諸爻

之下更以象辭置爻辭之前又于象辭弁爻辭

之首皆冠以象曰二字於是後人以象辭為大

象爻辭為小象而文象則謂之象傳其謬甚矣

世無有一人正之者何耶今用古易爻象例不

以附經而自為一篇廢幾六爻連屬而文義不

間斷二云嗟嗟自古及今談易者紛如何人究心

及此玉吾獨能發千古未發之秘決千古未決

之疑孔父章編三絕南圍俞氏之易學可無愧

心矣子故服膺其書而於諸家之易說備之以

俟叅考焉

周易乾鑿度二卷

乾鑿度鄭氏注大輅為椎輪之始其殆邵子皇

極經世之先資歟

乾坤鑿度二卷

制詞古奧非後人所能措手此等書唯宋本行

次恰當為妙嘗以四明范欽訂刊者對之不獨

字句譌謬中間紊亂失序脫却原意因歎古書

未易付剞劂非淺人可觧耳

衛元嵩元包經傳四卷

元包卦首于坤義主歸藏中多奇字非釋音不

可讀唐蘇源明為之傳李江為之注紹興年間

南陽張�跋其父景初所藏本鏤板傳諸世

張行成元包數總義二卷

行成謂天下之象生于數而數生于理蘇源明

二七

麻衣道者正易心法一卷

之言易者旁通元包之旨以示同好云

李江之傳注徒言其理而未達其數乃徧採古

正易心法希夷受并消息正謂卦畫名今經書

正文也據周孔辭傳亦是注腳每章四句者心

法也訓于其下消息也李潛云道者謂之廬山

異人文公先生極辨其謬謂如雷自天下而發

山自天上而墜之類皆無理妄談後假守南康

見前湘陰主簿戴思愈首及易說語無倫次後

至其家見其案間所著雜書宛然麻衣語氣以

是始疑前時所料三五十年以來者即是此老

然是時戴病已昏不火即死遂不復可窮詰矣

偶閱此書弁識文公語于後

古三墳書三卷

三墳山氣形也元豐七年毛漸正仲奉使京西

得之唐州民舍晁公武以為偽鄭夾漈以為真

世自有辨之者紹興十七年五月重五日三衢

沈斐刻于婺州學中即此本也

時瀾增定東萊書說三十五卷

朱子曰呂伯恭解書自洛誥始大愚更曰伯氏

太史尚書說自泰誓至洛誥凡十八篇已夾冬

口授諸生而筆之册者也伯氏下世書及三禮

皆未及次第考論是東萊原未有成書而時瀾

所謂親承脩定之言不過記憶舊聞直以已意

足成其書耳覽者宜有辨焉

毛詩鄭氏箋二十卷

南宋刻本首載毛詩舉要圖

成伯璵毛詩指說一卷

分典述解說傳受文體四篇亦約畧指說之無

異聞特解也乾道壬辰建安熊克題于後

歐陽氏詩本義十五卷鄭氏詩譜補亡一卷

詩自齊魯韓三家俱亡而毛萇之傳獨存其作

序之人無明文可考鄭氏謂毛公始以實之詩

之首盖自漢經師相傳授其去作詩時未甚遠

序之有功于詩而不可廢也審矣宋儒安得狃

一巳之私指摘作序者之或有小疵乎詩譜補

三一

讀書文文巳念一經

八

亡後序之學者因迹前世之所傳而較其
得失或有之矣若使徒抱焚餘殘脫之經浸浸
于去聖人千百年後不見先儒中間之說而欲
特立一家之學者果有能哉吾未之信也歐公
此言深中宋儒說詩之病亦見公之虛心經學
如此故此書逐章先論毛鄭之得失而後申之
以本義末三卷備著義解論問等篇復以鄭氏
詩譜補亡終焉蓋歐公于詩詳說有年其論云
察其美刺知其善惡以為勸戒所謂聖人之志

者本也求聖人之意達詩人之旨者經師之本
也此本義所由作也昔吾友馮定遠以詩世其
家學得乎三百篇者深嘗語予曰六義中興爲
意典之興而宋儒作興起之興豈不可笑因抵
掌極論之嗟乎斯人今也則亡其聲音笑貌顯
顯然在目中每尋味其緒言爲泣下不能已因
附識之於此

王質詩總聞二十卷

王質浚陽人其書分十聞一聞音二聞訓三聞

九

讀書攷文之巳卷二　經

章四聞句五聞字六聞物七聞用八聞跡九聞

事十聞人又斷之以總聞趙清常從閣宋本鈔

錄惜缺二十餘葉藏書家無從借補俟更覓之

毛詩要義四十卷

此書二十卷每卷分上下目後載序譜趙清常

從閣本鈔錄其中脫簡仍如之

許謙詩集傳名物鈔十二卷

朱子之學一傳為何基王柏再傳為金履祥許

謙授受相傳白雲一代大儒其于詩專宗朱子

況掃毛鄭之說未知今之三百篇果非夫子之
舊歟抑桑中溱洧諸篇夫子刪詩竟不辨為淫
佚之什而采之歟退何彼穠矣甘棠于王風削
去野有死麕其卓識逺過于夫子歟子曰多聞
闕疑聖人且云然而後學反立已見以疑聖人
非予所敢信也

春秋經傳集解三十卷

南宋刻本首列二十國年表音義視他本較詳
初學集載牧翁所跋宋板左傳其經傳十四至

三五

三十卷巳歸天上圖說二卷經傳一至十三卷

尚存人間幸爲予得之覆視跋語所云在在處

處應有神物護持良不虛也墨蹟如新古香馥

蔓逐本前後葉每條註其本作某字應從某本

是正此等書勿論其全不全譬諸藏古玩家收

得柴窰殘噐半片便奉爲天球拱璧而況鎮庫

典籍乎

陸淳春秋微旨三本

內閣藏本予從曹秋岳先生借錄

陸淳春秋啖趙纂例十卷辨疑十卷

昌黎寄盧仝詩春秋五傳束高閣獨抱遺經究

終始三傳之重于漢而輕于唐其來漸矣啖助

趙匡欲舍傳以求經岸然多所去取陸淳奉其

說爲纂例爲辨疑柳子厚見其書恒願埽于陸

先生之門可謂傾倒時人至矣然後來學者徃

徃鑿空好新立私說以解春秋出主入奴莁無

的質直有高束三傳之慮其始啖趙爲之嚆矢

歟

續書文文已卷二經 十二

孫覺春秋經解十五卷

莘老游于安定之門著經解行世初王安石釋
春秋未成見此書而惎之因詆聖經為腐爛朝
報龜山先生稱莘老片言寸簡皆足垂世況成
書耶嘉定丙子汪綱題而刻之新安

孫復春秋尊王發微十二卷

孫復明復以春秋教授生徒于泰山之下著尊
王發微撥棄三傳自立褒貶君子嘉其志而惜
之春秋所以有棄灰璪法之譏也

陳止齋春秋後傳十二卷

此書大旨詳于樓玫瓌序中茶陵所刻字多訛
舜此則勤德堂刊本也止齋尚有左氏章指一
書俟續求之

王當春秋臣傳三十卷

採左氏諸臣始末每人撥拾成一小傳逐卷後
有總贊簡勁明潔有古良史之遺風

俞皐春秋集傳釋義十二卷

先取各家注釋以已意採集于前申之以程子

之言後詳列三傳胡氏傳使人得備覽而尋繹
其說元刻中之佳者

趙汸春秋師說三卷

子常游楚望之門得益春秋為多故次其師說
十一篇以成是書楚望云學春秋當以三傳為
主而三傳之中又當據左氏事實以求聖人立
意之所歸蓋其中自有脈絡可尋人自不肯細
意推求耳吉哉斯語一洗唐宋來舍傳求經之
妄論矣

趙汸春秋金鎖匙一卷

是書曾于牧翁書架上見之後不知散佚何處

此則焦氏家藏舊鈔本也

春王正月考前卷春王正月考辨疑後卷

宋儒致疑于春王正月紛如聚訟云夏正得天

乃百王所同是以有冬不可爲春之疑云夫子

嘗以行夏之時告顏子是以有夏時冠周月之

疑云漢武以夏時首寅月于今莫之或改是以

傳書者有改正朔不改月數之疑而又有春秋

用夏之時夏之月之疑疑愈甚則說愈多說愈

多而儒者之惑終不可解良可喟也晉安張呂

寧以春秋經登泰定丁卯李黼榜進士讀書淮

南者十餘年歷稽經史傳記及古注疏并劉向

周春夏冬陳寵天以爲正周以爲春之說比觀

朱子晚年定論然錯辨栻斷以春王正月之春

爲周之時洪武二年夏奉使安南假館命筆勒

成一書明年庚戌春始卒業踰月疾革而逝宣

德元年丙午其孫隆恐手澤泯而無傳依舊本

摹寫刊行予昔侍牧翁于雲上軒晨夕伏承緒

言每嘆此書絕佳問津知塗幸免實行摘埴皆

先生之訓也撫卷流涕者久之

春秋公羊經傳何休解詁十二卷釋文一卷

此北宋槧本之精絕者故附釋文于經傳後若

南宋人鏤刻便散入逐條注下矣

韋昭注國語二十一卷

吾家所藏國語有二從明道二年刻本影鈔

一是宋公序補音南宋槧本間以二本參閱明

道本周語云晉我先王世后稷注曰后君也稷

官也則是晉我先王世君此稷之官也考之史

記周本紀亦然而公序本直云晉我先世后稷

讀者習焉不察幾譌為周家之后稷矣襄王二

十四年秦師將襲鄭過周國門左右皆免胄而

下拜注曰言免胄則不解甲而拜蓋介胄之士

不拜秦師反是所謂無禮則脫也公序本又失

去拜字與註文大相違背微明道本于何正之

今世所行國語皆從公序本翻雕知二字之七

來矣

儀禮經傳通解二十三卷儀禮集傳集註十四卷

朱子謂六經之道同歸而禮樂之用為急遭秦

滅學禮樂先壞其顧存者三禮而已周官一書

固為禮之綱領至儀法度數則儀禮乃其本經

而禮記郊特牲冠義等篇乃其義疏耳前此猶

有三禮通禮學究諸科士得以誦習而知其說

王安石變亂舊制廢儀禮而獨存禮記之科遺

本宗末其失已甚因以儀禮為經而取禮記及

賣書文元卷一 經　　　　　　十五

諸經史雜言所載有及于禮者皆附本經之下

具列注疏諸儒之說撰家禮五鄉禮三學禮十

一邦國禮四共二十三卷曰儀禮經傳通解王

朝禮十四卷曰儀禮集傳集注刊于南康道院

此書卷帙頗重脫誤弘多獨此本逐一補錄完

罕有錯簡脫字今之藏書家恐未必細心緝訂

如此也識者其詳辨之

儀禮經傳通解續二十九卷

朱子晚年著經傳通解屬黃卓甫定而歿未成喪

祭二門嘗以規摹次第屬之門人黃幹勉齋俾

爲類次嘉定癸未四明張虙來南康知勉齋此

藁在南劍陳史君宓處以書索來凡二十九卷

校刻之并前書傳于世焦氏經籍志混稱朱子

通釋二十三卷續編二十九卷不分勉齋續藁

之詳今黃俞邰周雪客徵刻書目因之是殆未

取原書覆閱也

大戴記十三卷

始三十九篇終八十一篇潁川韓元吉論之詳

續書攷之巳卷一經

十六

矣此為元人鈔本卷首有至正甲午十二月朔

不知何人序

何晏論語集解十卷

童年讀史記孔子世家引子貢曰夫子之文章

可得聞也夫子之言天道與性命弗可得聞也

巳又讀漢書列傳四十三卷贊引子貢云夫子

之言性與天道不可得而聞巳矣竊疑古文論

語與今本少異然亦無從辨究也後得高麗鈔

本何晏論語集解檢閱此句與漢書傳贊適合

因思子貢當日寓嗟嘆意于不可得聞中同顏

子之如有所立卓爾故以巳矣傳言外微旨若

脫此二字便作了語殊無低徊未忍巳之情矣

他如與朋友交言而不信乎等句俱應從高麗

本爲是此書乃遠海道蕭公諱應宮監軍朝鮮

時所得甲午初夏予以重價購之于公之仍孫

不曾獲一珍珠船也筆畫奇古如六朝初唐人

隸書碑版居然東國舊鈔行間所注字中華窄

有識之者洵爲書庫中奇本末二行云堺浦道

賣書友文巳卷一　經　　七

祐居士重新命工鏤梓正平甲辰五月吉日謹

誌未知正平是朝鮮何時年號俟續考之蕭公

幼時與吾曾祖侍御秀峰公同居邑之西鄉每

相約入城歸時對坐殿橋上攜象戲下三四局

趂望城中而歡兂如魚鱗他時何地受一廛着

我兩人耶後竟各遂其志蕭居城東吾祖居城

西高門棹楔衡宇相望未及百年而蕭氏式微

吾祖後蘭錡依然風流未艾循覽此書廻環祖

德子孫其念之哉子孫其敬之哉

論語筆解十卷

許勃二云昌黎著論語筆解其間翶曰者蓋李習

之交相明辨非獨韓制此書也

孟子註疏十四卷

孟子注疏是叢書堂錄本簡端五行爲鮑翁手

筆古人于疏注皆命侍史繕寫好書之勤君是

間以監本建本校對踳繆脫落乃知鮑翁抄此

爲不徒也

孫奭孟子音義二卷

讀書敏求記卷一 經

十六

孫宣公以張鎰丁公著二家所音孟子未精當

質之經訓證以字書成音義二卷孫奭曰孟子

見梁惠王見梁襄王並當與暴見于王他曰見

于王同音現宣公前二見字無音學者相承如

字讀非也予學識淺鮮未知通人以爲然否漢

書藝文志儒家孟子十一篇宋時館閣中尚有

外書四篇曰性善辨曰文說曰孝經曰爲政或

疑合之可如藝文志之數今觀此書後附孟子

篇叙音義曰此趙氏述孟子七篇所以相次叙

之意則知外篇乃後儒掇集雖亡求已火不存

可也篇叙世罕之見藏書家宜廣其傳勿易視

之

王肅註家語十卷

此從東坡居士所藏宋槧本繕寫流俗本註中

脱誤弘多幾不堪讀予昔藏南宋刻亦不如此

本之佳也

孔子集語二卷

淳祐丙午稽山書院山長薛據裒聚孔子集語

成二十篇其所引尚書大傳金樓子等書今皆

不可得見方山吳岫藏書多舊人鈔本此其一

也

陸德明經典釋文三十卷

吾友葉林宗篤好奇書古帖搜訪不遺餘力每

見案頭一帙必假歸躬自繕寫篝燈命筆夜分

不休我兩人獲得秘冊即互相傳錄雖昏夜叩

門兩家童子聞聲知之好事極矣林宗歿余哭

之慟爲文以祭之曰昔我與君定交杵曰奇文

同賞疑義相剖春日班荊夜雨前剪韭君書我書

君酒我酒墊巾步屧頻煩往來尺蹏問字一日

幾廻安榴之館酸棗之臺握手談讜私心徘徊

應氏樵蘇麗家雞黍互作主賓覓辨爾汝剪燭

連床共期古處陶陶尹班永夕絮語疇昔之日

經過池上啜茗啖酥鬢眉歷朗簪花窺人園禽

弄響指點光風君懷惝恍云胡別去曾未浹旬

溘先朝露命委窮塵我初聞訃如毒蓼辛嗽然

一哭痛絕斯人退筆棲床鈔書盈篋摒當殘帙

賣書女史巳卷一　經

二十

狼藉古字間君囊篋如是而已藐孤始孩寡妻

何倚一棺棲室瓦燈閃影靈衣披披孤寪耿耿

宜漠幽壤誰憐夜永老屋總帷風凄月冷絮酒

沃酹涕泗重泉少徼星象夜隱江天宿素凋謝

氣運推遷永懷終古神聖綿綿君亡來三十餘

年徧訪海內收藏家罕有如君之直知直好者

每嘆讀書種子幾乎滅絕矣此書原本從絳雲

樓北宋槧本影摹逾年卒業不惜費不計日毫

髮親爲是正非篤信好學者孰能之君歿後予

從君之介弟石君借來石君卓識洽聞著史論
甚佳交子如林宗亦不可謂之兩人也子述此
書所自而題語專屬林宗或冀後日君托此書
以傳不至名氏翳如是子之願耳然子言不文
何足爲君重且其傳不傳有數焉聊以寫子衷
而巳

列謬正俗八卷

楊庭表上其父師古所撰匡謬正俗二五崇草繞
半部帙未終謹遵先範分爲八卷汪應宸謂此

讀書文之巳卷一 經　　卅二

書尚非定本題所疑于尾如論語後不朱標毛

詩字等類頗爲有識讀者勿以其跋語也而漫

視之

劉敞七經小傳三卷

七經者尚書毛詩周禮儀禮禮記公羊論語也

此是先生偶拈幾則未成書而傳之後非獨有

取于七經耳辟疆主人云雖新刻最爲罕遇

十一經問對五卷

十一經者論語孝經孟子大學中庸尚書毛詩

礼乐

文公家礼十卷

周礼仪礼春秋礼记也皆設爲問答之詞不脫

宋人寒白然礼记中大學中庸兩篇河南程子

始分爲二書而此竟同礼记列爲三經者何也

文公居母丧盡哀自初死以至祥禫祭酌古今

之宜成丧葬祭礼又推之于冠昏共成一編名

曰家礼書初成失之至歿後始出楊復惜其未

嘗再加審定因採諸家議論有以發明家礼之

意者附註逐條下并載諸圖而劉垓又增注之

覽者得詳考焉

夏時正士禮儀舉要九卷

時正謂文公家禮未脫藁而佚亡後雖出而行

于世寔文公未成之書因取家禮儀禮節舉其

要集成一編

龔端禮五服圖解一卷

五服列五門每門立男女已未成人之科分正

加降義四等之服分章劃圖泰定元年嘉興路

牒呈此書于江浙行省移咨中書照詳端禮于

至順年閒以布衣上書皇帝誠有心當世之士

而沉淪不遇可惜也

聖宋皇祐新樂圖記三卷

宋仁宗景祐三年二月詔院逸胡瑗較定鐘律

蓋以李照樂穿鑿也至皇祐二年閏十一月置

詳定大樂局其鐘弇而直聲鬱不發著作佐郎

劉羲叟曰此謂害金帝將獲心腹之疾已而果

然則是羲叟審音更出逸瑗之上當時何以不

讀書敏求記卷一 經

三三

令羲臾同較定耶此從閣本鈔出閣本乃直齋

陳伯玉先生嘉熙巳奕良月借虎丘寺本錄蓋

當時所賜藏之名山者也末用黇州觀察使邙

長貳押字志頒降歲月直齋又云生平每見承

平故物輒慨然起敬恨生不于其時嗟嗟劫燒

之餘閣本巳不可問獨此尚在人間覽之亦有

直丝承平故物之感

蔡氏律呂本原一卷律呂辨證一卷

蔡氏建陽蔡元定李常也文八公極稱許之此從

閣本録出清常道人手寫校正

朱長文琴史六卷

長文字伯原人稱樂圃先生此書序于元豐七

年上自帝堯下至宋趙抃凡有涉于絃徽間者

逐卷裒次而牧翁録其中董庭蘭一則以辨房

琯之受誣最爲有識他如宋大祖謂五絃之琴

文武加之以成七乃留睿思而究遺音作爲九

絃之琴五絃之阮苟非伯原此書不復知琴有

九絃者矣又加寶儼上疏周世宗凡三絃之通

七絃之琴十三絃之筝二十五絃

之瑟三漏之篪六漏之喬七漏之笛八漏之箎

十三管之和十七管之笙十九管之巢二十三

管之簫皆列譜錄偶記得古人小李毛女詩云

裏巢笙喚崔騎曉然巢笙兩物也學人不多讀

書展卷范然幾何而不面墻乎

太音大全五卷

凡琴之制度考訂咸備焉鏤圖樸雅援据該洽

琴譜中可爲集大成矣

矐仙琴院啟蒙譜一卷

阮咸惡琵琶音繁乃躬自製院恐後世不知所

始即以巳姓名之晉風既泯阮之失傳火兵矐

仙劉為此制更造譜以行于世

字學

說文解字三十卷標目一卷

漢太尉祭酒許慎記說文解字唐大曆中經李

陽氷刊定徐鉉以陽氷頗排斥許氏自為臆說

後加詳考是正愼時未有反切今悉依孫愐唐

六五

韵爲定九十四篇又序目一篇鉉謂編帙繁重

每篇各分上下共三十卷許冲序云立一爲端

據形系聯引而申之以究萬原畢終于亥知化

窮冥此始一終卖原本之所由佳也宋人檮昧

欲便于檢閲妄以一東二冬依韻分之大失許

氏原書之本旨其厄更甚于秦坑焚燎矣

徐鍇說文解字繋傳四十卷

簡端題云文林郎守秘書省校書郎臣徐鍇傳

釋蓋楚金仕江左是書曾經進覽故結銜如此

嘉祐中宋鄭公曰繫傳該洽無比小徐學問文
章才敏皆優于其兄何以後人稱道反出其兄
下子容曰楚金少年早卒旣臣歸朝後士大夫
從學者衆宜乎名高一時鄭公歎賞之以爲評
論精語今觀此書通釋三十卷部叙二卷通論
三卷袪妄類聚錯綜疑義系述各一卷而總名
之繫傳者蓋尊叔重之書爲經而自比于丘明
之爲春秋作傳也部叙究竟始一終夾之義袪
妄直指陽冰之惑參而觀之字學於焉集大成

楚金直許氏之功臣矣惜乎流傳絕少世罕有

觀之者當李巽岩時蒐訪歲久僅得七八闕卷

誤字又無所是正而況後之學人年代寖遠何

從觀其全本乎此等書應有神物護呵留心籍

氏者勿謂述古書庫中無驚人秘笈也

郭忠恕汗簡七卷

　上中下各分二卷末卷爲畧例目錄李建中序

　爲郭宗正忠恕撰引用七十二家事蹟其體例

　倣說文故以目錄置卷尾屬守居士云此書亦

有不可予意據如沔汭字俱從水今沔從丏汭

從丏腊應從月而入脊部邵應從邑而入谷部

駃應從馬而入史部朽應從木而入丂部等類

雖因古文字少未免援文就部以足其數而核

其實則非也屏守居士爲吾友馮舒巳著別號

癸巳老人藏書率多異本吾邑之宿素也

增廣鐘鼎篆韵七卷

政和中王楚作鐘鼎篆韵薛尚功重廣之臨江

楊鉤信文博採金石奇古之蹟益以奉符黨氏

賣書作交巳卷二 字學　三七

韻補所未備係篆文于唐韻下而以象形奇字
等篇終焉馮子振云漢有古文尚書唐明皇以
隸楷易之儒者不識古文自開元始宋景文公
筆記記故人楊備得古文尚書釋文讀之驚喜
自爾書訊刺字皆用古文當時咸不之識遂有
怪人之目信文得無亦作怪人耶此書序後有
洪熙侯書籍印章摹寫精妙凡楊增俱用朱印
界之以識增廣之意蓋內府所傳本也

李從舟字通一卷

彭城李肩吾以點畫偏旁粹類成書魏了翁爲

之序

龍龕手鑑四卷

燕僧行均字廣濟俗姓于氏編龍龕手鑑以平

上去入爲次隨部復用四聲列之計二萬六千

四百三十餘字注一十六萬三千四百餘字統

和十五年丁酉七月初一癸夾燕臺憫忠寺沙

門智光字法炬爲之序按耶律隆緒統和丁酉

宋太宗至道三年也是時契丹母后稱制國勢

讀書敘文已卷二字學 三五

強盛日尋干戈唯以侵宋為事而一時名僧開

士相與探學古文穿貫綫之花翻多羅之葉鏤

板製序垂此書于永久豈可以其隔絕中國而

易之乎沈存中言晹丹書禁甚嚴傳入中國者

法皆死今此本獨流傳于劫火洞燒之餘序鈔

蠹簡靈光巍然洵希世之珍也

吾衍續古篆韻六卷

衍字子行其生平見潛溪傳中此則趙靈均手

鈔本小宛堂中藏書也

吾衍學古編一卷

私印之作絶盛于元子行獨精其藝觀其三十

五舉深心篆籀之學能變宋末鐘鼎圖書之謬

故子昂亦效其法虞揭諸公皆愛重之人品高

潔非獨游於藝以成名也

魏莊渠六書精蘊音釋一卷

此於六書之學詳考極佳尚是徐元懋手寫叢

本後附莊渠先生親筆書四紙亦墨莊中一古

物也

從古正文一卷

篆文正楷點畫不容少差此書存甚遺跡且依

韵易檢焦弱疾藏茹直生手錄本徐元懋印史

極稱之

百壽字圖一卷

百壽字紹定巳丑靜江令史渭刺于夫子岩正

德丁卯昆明趙璆又得二十四體編成一書可

謂無體不具矣宜附古文奇字之後

韻書

古文四聲韻五卷

慶曆四年二月夏竦新集古文四聲韻序之以

進前列所引書今無一存者矣序文脫字甚多

俟博訪藏書家全本補錄之）

司馬溫公切韻指掌圖一卷

溫公以三十六字母約三百八十四聲別為二

十圖縱橫上下旁通曲暢律度精密最為捷徑

嗟乎韻學之廢久矣士人溺于章句如溫公所

云覽古篇奇字往往有含糊齟齬之狀良可慨

也

經史正音切韻指南一卷

至元二年丙子良月關中劉鑑士明序云僕于

暇日因其舊制次成十六通攝作撿韻之法詳

分門類弁私入玄關六段末兼附字音動靜爲

斯文之一助耳

古四聲等子一卷

即劉士明切韻指南曾一經翻刻冠以元人熊

澤民序而易其名相傳等子造于觀音故鄭夾

澬云切韻之學起自西域今僧徒尚有習之者
而學士大夫論及反切便瞪目無語相視以爲

絕學矣

直指玉鑰匙門法一卷

大慈仁寺僧訥菴老人直空謂劉士明所製門
法始于音和終于外內僅十三條辭意高深學
者未易入且篇以門法爲先不可無鑰匙以啓
其關鍵故爲此書又加直指二字見明且易焉

正統壬戌九月和光道大止菴編韻畧易通成

而序之編以早梅詩一首凡二十字爲字母標

題于上即各韻平聲爲子調子下得一平聲字

則上去入一以貫之故曰易通又分前十韻爲

四聲全者後十韻爲無入聲者覽之心目了然

止菴不知何人觀其書可以免羊芋之笑矣

孫吾與韻會定正四卷

國初閣本影鈔豐城孫吾與撰平聲不分上下

別作一公二居三觚四江等二十五韻上聲別

作一礦二矩三古四港等二十五韻去聲別作

一貢二據三固四絳等二十五韻入聲別作一

穀二覺三葛四憂等一十三韻反切不用沈約

韻母時露西江土音子未之敢以為允也吾與

字子初國初為太常博士今題名錄以字行并

為正之

書

石鼓文音釋一卷

石鼓之辨明矣韓愈以為宣王鼓韋應物以為

文王鼓鄭樵以為秦鼓僞刻宇文泰指為後周
物潘廸薛尚功皆有音訓而以胡作翊以瞳作
蕾學者病之楊愼得東坡本于李文正公篆籀
特全音釋兼具恐其本隻存久而失傳焉為序
其所由來刊行于世

集古目錄三卷

歐陽集古目隨得隨錄不復證次宋刻原本如
此今人以時代次第之失公初意矣

隷釋二十七卷

隸釋七百一十餘葉杜村先生手筆雲浦子盛

時泰題于後古人于書率多自鈔相傳徐鼎仙

有宋槧本甚精妙後歸毛青城載還蜀中前輩

好書風流洵可慕也

隸續二十卷

隸釋有續前後二十一卷乾道戊子始刻十卷

于越淳熙丁酉姑蘇范至能增刻四卷于蜀後

二年雲川李秀叔又增五卷于越明年錫山尤

延之刻二卷于江東倉臺而薈其板合之越此

景伯之自題若是嗟乎一書之付剞劂遠緩歲

月以潰于成柰何世罕其傳元泰定間刻本亦

止前七卷知此書之亡來久矣景伯又集字同

體異參差不可齊者倚聲而彙之曰隸韵予家

有其半泪宋榻中之竒寶也

金石録三十卷

金石録清照序之極詳其搜訪可謂不遺餘力

而予所藏宋榻章仇府君碑爲明誠所未見信

乎碑版之難窮矣昔者吾友馮硯祥有不全宋

槧本刻一圖記曰金石錄十卷人家長箋短札

帖尾書頭每每用之亦藝林中一美談也

鄭杓衍極五卷

莆田鄭杓子經述劉有定能靜釋蒐討古今書

法源流成一家言龍溪令趙敬叔為之鋟梓以

傳

二王帖目錄評釋三卷

取義獻之書散于各帖者彙而合之附諸家評

釋于逐條後卷尾有許開題辭然不收保母帖

恐遺漏者尚多俟續考之

書斷列傳三卷雜編一卷

此是舊鈔本刊于百川學海中者行次失欵且
多誤字以此恭校可耳

雪菴字要一卷

當塗詹恩好作大字得詹孟舉墨蹟五字寶學
之後見雪菴大字書法傳其規矩于世雪菴能
捽襟勒式傳陳宏道之教取永字八法變化為
二十四法序作于至大元年菊月望日自署圓

悟慈慧禪師資善大夫昭文館大學士李浦光

雪菴其結銜如此後人稱爲雪菴和尚蓋有以

也

數書

王孝通緝古算經一卷

孝通唐通直郎太史丞其上言六伏尋九章商

功篇有平地後功受衰之術至于上寬下狹前

高後卑正經之內闕而不論使今代之人不達

深理因書思夜想遂于平地之餘續狹斜之法

凡二十術名曰緝古如有排其一字者謝以千

金斯可爲篤信而自專矣

孫子算經三卷

　孫子算未詳何代人李淳風等奉勅注釋元豐

　九年七月葉祖洽上進

夏侯陽算經三卷

　算數起自伏羲而黃帝定三數爲十等隸首因

　著九章陽尋覽古今差互謹錄異同列爲三卷

張丘建算經三卷

丘建清河人甄鸞注經李淳風等注釋劉孝孫

撰細草原其大綮序列諸分之本元宣明約通

之要法上寒有餘爲分于下法從而爲分母不

務煩重庶其易曉耳

五曹算經五卷

五曹者田曹兵曹集曹倉曹金曹也生人之本

上用天道下分地利故田曹爲首既有田疇必

資人功故以兵曹次之既有人衆必用食飲故

以集曹次之衆既會集必務儲蓄故君曹次之

倉廩貨幣交質變易故金曹次之

倉廩貨幣交質變易故金曹次之

數書九章十八卷

數書九章淳祐七年曾郡秦九韶撰清常道人

從會稽王應遴借閣鈔本校録

李冶測圓海鏡十二卷

敬齋病革語其子㣟脩曰吾生平著述死後可

盡燔去獨測圓海鏡雖九九小數精心致力後

世必有知之者嗟嗟昔人成一藝篤信守死而

後巳今人留心學問奈何半途而廢乎

顧應祥測圓海鏡分類擇術十卷

篛溪道人謂欒城李學士所著如平方立方三

乘方帶從減從益廉減廉正隅負隅諸法以積

求形者皆盡之矣但每條下細草俱徑立天圓

一反復合之而無下手之術故每章去其細草

立一算術又以其所立通勾邊股之屬各以類

分之於是李公之術益便于下學矣

李冶益古術段三卷

元人有以方圖移補成編號古集大小六十四

問敬齋惜其未盡剖露爲少 移補條段細翻圖

式目曰益古衍叚使後人易曉亦數家之一助

也

小學

郭璞注爾雅三卷

六畜字本作嘼後人借嘼畜養字用之故麋鹿虎

豹育于山澤者歸之 釋獸馬牛羊狗爲人所養

者歸之 釋畜若一概以獸例之讛矣讀爾雅宜

熟精其義勿但以終軍辨鼠爲能事也此本逐

卷後附音釋殊便覽者

羅願爾雅翼三十二卷

羅願新安人七歲爲責草賦南渡後文章人頗

推之淳熙乙巳卒于知鄂州之明年故世稱爲

羅鄂州此書于草木鳥獸虫魚之類正名辨物

貫穿百家可謂該洽矣昌黎云爾雅注虫魚定

非磊落人子就存蔡觀之殊不以此語爲然

博雅十卷

魏博士張揖採蒼雅遺文不在爾雅者爲書名

曰廣雅表上之隋曹憲因其說附以音解避煬

帝諱更爲博雅正德乙亥支硎山人手跋此本

云士人袁飛卿有此書求之半載童十數往返

始得繕錄徵白金五十星乃去錢物可得書不

可得雖費當勿校耳山人惜逸其氏名亦一佳

士也

方言十三卷

舊藏宋刻本方言牧翁爲子題跋紙墨絕佳後

歸之李滄葦此則正德己巳從宋本手影舊鈔

也二卷中吳有館娃之宮秦有檏娥之臺俗本

脫去秦有二字馮已蒼嘗笑曰开檏娥而吳之

矣劉于駿從子雲取方言入籙貢之縣官子雲

答書君必欲脅之以威凌之以武則縊死以從

命古人務重著述如此千載而下猶爲穆然起

敬也

竒字訓釋一卷

書成于宋孝宗淳熙戊申不著名氏萬花谷後

附者非完書覽者其辨之

李成巳小學書纂疏四卷

文公先生取古禮之宜于今者編小學內篇復

選漢唐迄元宋賢人君子之嘉言善行為小學

外篇秦儒李成巳友仁于註解內複加註解前

後三百八十五章增衍正義洛陽薛延年又劉

纂小學書舉要圖冠于前子覽之竊嘆古人分

年課程八歲入小學十五歲入大學循循善誘

無躁進弋獲之弊輓世道之衰後生小子汨沒

科舉之業不復知小學為何書矣觀此能無愧

九四

心乎

歷代蒙求一卷

汝南王芮挍括著鄭鎮孫篹注至順改元馬速

忽守新安見是書命郡教授王子宜錄梓以廣

其傳

讀書敏求記卷一

吳興趙孟升用亨校字

読書敏求記卷第二

也是翁錢　魯　遵王

史

史記一百三十卷

唐尊老子爲玄元皇帝開元二十三年勅升于

史記列傳之首處伯夷上子昔藏宋刻史記有

四而開元本亦其一焉今此本乃集諸宋板共

成一書小大長短各種咸備李沂公取桐絲之

精者雜綴爲一琴謂之百衲予亦戲名此爲百

衲本史記以發同人一笑焉

王偁東都事略

東都事略宋刻僅見此本先君最所寶愛榮本

樓牙籤萬軸獨闕此書牧翁屢求不獲心頗嗛

焉先君家道中落要索頗煩始終不忍捐棄吾

子孫其慎守之勿失

資治通鑑二百九十四卷

溫公修通鑑成自言惟王勝之一讀他人讀未

終卷已欠申思睡矣當公世而云然無怪乎後

之諛聞小生拾一芝麻終便侈談今古也此為
吾鄉顧塵客先生所披閱先生諱大章字伯欽
與楊左諸公同受奄禍名在斗杓當其入詔獄
時有芝生一莖六辦兆六君子之祥雖天公亦
為之告異今觀先生點定此書自始至終詳整
無一懈筆心細如髮晏居不苟如此凢為王勝
之後之一人矣吾家通鑑有大字宋本復有宋
人手披者半部刺鏤精工烏絲外標題週邊殆
遍尚是宋人裝潢未經今人攙釘者然總不若

此本之於重吾輩當盟類莊拜而後讀如藏榮

緒之于五經可耳

劉知幾史通二十卷

陸文裕公刻蜀本史通其補註因習曲筆鑒識

四篇殘脫疑誤不可復讀文裕題其篇末而無

從是正舉世罕觀全書殊可惜也此本于脫簡

處一一補録完好又經前輩勘對精宄凡標題

行間者皆另出手眼覽之眞有頭白汗青之感

胡一桂十七史纂古今通要十七卷

宋以來論史家汗牛充棟率多龐雜可議以其

不討論之過也馮定遠曰穌子由論劉先主云

用孔明非將也據蜀非地也考蜀志孔明在先

主時未嘗為將至南征始自將耳先主若不據

蜀則何地自容此豈非不討論之過于胡庭芳

纂此書論議頗精允絕非宋儒偶見者可比一

覽令人于古今興亡理亂了然甾次朱子稱稽

古錄其言如桑麻穀粟曰小兒讀六經了好令

接續讀去子于此書亦云然但以昭烈繼建安

一祖朱子綱目子不敢謂溫公正統爲非請俟

百世之君子討論可耳

通鑑博論三卷

通鑑博論聖祖命寧王權編輯洪武二十九年

九月十七日書成表進下卷圖格中獨于至正

二十六年丙午書廖永忠沉韓林兒于瓜步大

明惡永忠之不義後賜死牧翁云此蓋寧王奉

聖祖意特標此一段以垂示千萬世不然安敢

以開國大事自立斷案乎予謂沉于瓜步記其

地也大明惡永忠之不義痛絕之也後賜死明

當時未敢遽辜而後終以此正其罪也此非寧

王之書法而聖祖之書法也德慶一案盡此二

十一字中又何他辭之說歟

賢王奉藩多暇悼詩說禮者有之貫穿歷代興

亡提綱舉要較其良惡千古瞭如指掌蓋未有

如寧王者元順帝爲合尊之子牧翁取余應詩

與權衡大事記疏通證明之作瀛國公事實而

四

此直揭云為宋妃子明宗養為巳子又云初明

宗出獵回遇大風雨見寺中火光往視之乃宋

妃子后產明宗取而育之以為巳子及長文宗

忌之貶高麗遷靜江瞿仙之說庚申帝正所謂

大書特書不一書而巳也晉書于小吏牛氏諱

而不沒其實當時修元史諸公何以見不及此

牧翁列朝詩集小序中詳載瞿仙著述而獨遺

史畧且書瀛國公事又不援引其言以實之豈

當時未獲見此本欸

吳越備史四卷

今本吳越備史武肅十九世孫德洪所刊序稱

忠懿事止于戊辰因命門人馬蓋臣續第六卷

爲補遺子暇日以家藏舊本校閱之知其刻之

非也是書爲范坰林禹所撰稱忠懿爲今元帥

吳越國王自乾祐戊申至端拱戊子紀王事終

始歷然新刻則于乾德四年後序次紊亂脫誤

弘多翻以開寶二年後事爲補遺他如王因衣

錦城被冦命同玄先生閭丘方遠建下元金籙

一〇五

醮于東府龍瑞宮其夕大雪醮壇上星斗燦

然一黑虎蹲宮門外罷醮而去羅隱師事方遠

執弟子禮甚恭及迎釋迦建浮圖以供之其制

度皆出王之心匠諸事皆失載其字句紕繆處

又不知幾何也蓋德洪當日所見乃零斷殘本

實非完書以家王故事急付剞劂未遑細心參

考耳

錢氏私誌一卷

宋太尉德慶軍節度使錢恂纂輯恂爲彭城王

第三子昭陵之甥故記熙寧尚主王仙求嗣事

獨詳其稱大父寶閣知台州回者乃冀國公諱

暄字載陽以父蔭累官駕部郎中知撫州移台

州進少府監權鹽鐵副使時也彭城王諱景臻

字道遠冀國第九子建炎二年追封故稱先王

俗子以爲起居舍人彥遠之筆不知彥遠乃忠

遜之孫翰林學士昜之子與彭城爲再從叔侄

世次畀然安得反有先王之稱豈非大謬于書

此以訂証之

陸游南唐書十八卷戚光音釋一卷

務觀南唐書詳核有法卷例俱遵史漢體首行

書其紀其傳卷第幾而注南唐書于下今流俗

抄本竟稱南唐書本紀卷第一卷二三列傳亦如

之開卷便見其謬可一唱也是本後附戚光音

釋甚佳光嘗輯金陵志搜訪文獻大有考證爲

當時所稱許藏書家尙有知其氏名者矣

龍袞江南野史十卷

記南唐君臣事蹟頗詳其行文亦贍雅有致

釣磯立談一卷

叟爲山東人不著名氏清泰年中避地江表營

釣磯以自隱李氏亡國追記南唐興廢事得百

二十餘踈于此書序云文憲子山之麗興哀則

有之才愧士衡之多辨七亦幾矣讀之頗爲法

然

封氏聞見記十卷

屢守居士從吳岫本錄于空居閣趙清常本有

雲間夏庭芝至正辛丑跋語吳郡朱良育與唐

七

子畏借鈔前五卷又與柳大中借鈔後五卷其
第七卷止存末後兩葉餘則均之闕如也貴與

經籍志云五卷不知所據何本耳

孫光憲北夢瑣言二十卷

華亭孫道明手鈔本錄每事前列一題流俗本
通行削去其間紕繆脫落又不待言矣

宇文懋昭大金國志四十卷

宇文懋昭于端平元年表上所輯大金國志懋
昭竊祿金朝爲淮西歸正人宋改授承事郎工

部架閣其所載誓書下直書差康王出質且詳
列北遷宗族等于獻俘可謂無禮于其君至矣
敢于表上其書而端平君臣竟漫置不省何也
葉隆禮契丹國志二十七卷
隆禮書法謹嚴筆力詳贍洵有良史之風具載
兩國誓書及南北通使禮物蓋深有慨于海上
之盟使讀者尋其意于言外耳棄祖宗之宿好
結虎狼之新歡自撤籬樊孰當扞蔽青城之禍
詳其流毒寔有隱痛焉存遠以障金此則隆禮

之志也至夷契丹爲國不史而志之其尊本朝

也至矣予特表而出之

劉祁歸潛志十四卷

序文及首卷乃陸孟昆先生手錄先生襄日視

予爲忘年小友居去予舍一牛鳴地奇書轉假

未嘗三日不相見也此爲先生所贈金渾源劉

祁京叔著京叔以布衣遨遊士大夫間文章驚

暴一時爲遺山諸公所推把築堂曰歸潛因以

名其書所記多金源逸事後之脩史者足徵焉

周雪客黃俞卲徵刻書目曰八卷殆未見全書

歟

庚申帝史外聞見錄二卷

權衡字以制吉安人編緝元順帝三十六年事

筆之于書曰庚申帝史外聞見錄所記瀛國公

生男明宗求之為子事甚悉其繫帝于庚申者

蓋以制之微詞也先君廣覓是書僅見之眉公

秘笈中脫落舛誤十七其五子後得完本繕寫

藏弄惜先君之不及見每撿此書卽為泣下如

歷代紀年十卷

晁氏歷代紀年始之于正統次之于封建僭據
再次之以盜賊夷狄道里而後以歷代年號終
焉晁公諱公邁字伯咎纂輯此書凡節目之大
而關于體統者可以概見紹興壬子樂清包履
常為之鋟本以傳

歷代紀元錄一卷

錄自漢武帝至元順帝止別錄自王莽至明昇

止又按雲南自唐世爲蒙氏所據至元始郡縣

之其間蒙段二氏雖互有興滅然諸夷若安南

日本渤海等國亦嘗紀元未有如雲南之盛者

特備錄之

歷代紀年曆七卷

起自唐虞至明隆慶元年紀載頗詳有以六字

爲年號者如南詔崔拓王法之貞明承智大同

夏趙元昊之天授禮法延祚李秉常之天賜禮

盛國慶等類是也

綱鑑甲子圖一卷

周威烈王元年丙辰至明崇禎十七年甲申共
二十六十九年概括于八葉之中殊便撿閱也

西漢會要七十卷

嘉定四年九月十一日徐天麟上進李訛戴溪
為序崇禎巳巳閏月二日先君校完題于後是
年八月揆予初度撫今追昔爲法然者久之

東漢會要四十卷

寶慶二年六月二十二日徐天麟上進葉時序

云仲祥父子伯仲俱刻意史學各有書行于世

仲祥天麟字也

唐會要一百卷

王溥撰建隆二年二月奏御明初人鈔絳雲藏

本勘過

五代會要三十卷

王溥纂凡五代儀物章程官名文法因革損益

之由多可于此考見

孫逢吉職官分紀五十卷

富春孫彥同廣楊侃職林而成是書清常道人

惜舊鈔譌謬借金陵焦太史本讐勘而焦本亦

多戔缺復頓此本是正之清常又從書賈搜得

宋槧本第七卷補訂入前輩好書之勤如此慚

予空螗梁黍展卷便欠申思睡每睹清常手校

書籍未嘗不汗下如漿也

政和五禮新儀二百四十卷目錄六卷

首卷冠以御製序題政和心元三月一日不知

心元何謂次九卷御筆指揮次十卷御製冠禮

其二百二十卷乃鄭居中等所編政和三年四
月廿九日進呈者也箚子云悉稟訓指靡所建
明殆有微意與目錄六卷文獻通考謂五卷者
誤

大金集禮四十卷

首列太祖太宗即位儀諸凡朝家大典與服制
度禮文莫不班班可考嗟乎杞宋無徵子之所
歎金源有人勒成一代掌故後之考文者宜依
倣編集以詔來葉此書諸家目錄俱不載藏書

家亦無有畜之者尚是金人鈔本撫卷有諸夏

之亡之慨

國初祭享儀注十卷

國初祭享一天地二太廟三社稷四山川五歷

代帝王六孝陵七孔廟八五祀九龍江壇十真

武寶公此永樂正位南畿猶未都燕時之儀注

也直武則出自成祖之獨裁寶公則猶是高皇

之遺命禮文秩然樂章和雅國初大儒命筆簡

盡如此

鹵簿圖一卷

此是國初常朝鹵簿圖按三輔黃圖云天子出

車駕次第謂之鹵簿而唐制四品以上咸給鹵

簿則鹵簿者君臣皆得通稱矣宋王欽若為鹵

簿記元曾興申為鹵簿圖今失傳內閣書目有

宋宣和鹵簿圖九册金天聖間宋綬撰集宣和

蔡攸等重修凡三十五卷又有大駕鹵簿一册

中宮鹵簿一册俱畫本內府之珍人間罕覯更

不知圖繪為何等也

一二一

司馬氏書儀十卷

第一卷詳列表奏公文私書家書之式餘九卷
備述冠昏喪祭之儀前序云是書爲經世之防
範禮法之大端士大夫家採擇行之于名教豈
曰小補哉溫公尚有家範十卷與此並藏諸書
塾可耳

浦江鄭氏旌義類編一卷

鄭氏世居浦江縣東二十五里鄉名感德里曰
仁義其遠祖冲素處士綺自宋建炎初同居至

元末巳卜世歷二百六十餘年守詩書禮樂之
教弗墜是編則其六世孫太和錄家範五十八
則七世孫鉉補續一百餘則八世孫濤又因時
損益之總一百六十八則勒成一書以訓子弟
君子於此有感焉聖經脩身齊家之道終古無
能行之如此其父者而鄭氏子孫世守勿替迄
今循覽斯編雖百世而下得不爲之興起乎

韓氏參用古今家祭禮一卷

魏公得秘閣所有御史鄭正則祠享儀御史孟

読家祭禮殿中御史范正傳寢堂時享儀汝南

周元陽祭錄京兆武功尉賈氏家薦儀金吾衛

倉曹祭軍徐潤家祭儀撿校散騎常侍孫日用

仲享儀凡七家採舊說之可行酌時俗之難廢

者以人情斷之成十三篇名祭用古今家祭儀

而魯齋門人王仁頗致疑于祭儀一節男女拜

位東西相向與他書為少異意公必有所據耳

魯班營造正式六卷

畧說云班周時人妻雲氏居江西隆興府地名

市縱予觀其規矩繩尺誠千古良工之範圍然

此等書皆後人偽作非真出于班也

李誡營造法式三十六卷

營造法式三十四卷目錄看詳二卷牧翁得之

天水長公圖樣界畫最為難事巳丑春予以四

十千從牧翁購歸牧翁又藏梁谿故家鏤本庚

寅冬不戒于火縹囊緗帙盡為六丁取去獨此

本流傳人間直希世之寶也誠字明仲所著書

有續山海經十卷古篆說文十卷續同姓名錄

二卷琵琶錄三卷馬經三卷六博經二卷今俱

失傳附識此以示藏書家互蒐討之

傅霖刑統賦一卷楊淵刑統續賦一卷

刑統賦藏本有二一是延祐丙辰刻本東原郡

氏韻釋趙孟頫序後有李方中韻釋刑統續賦

一是至正壬辰鈔本鄒人孟奎解沈維時序

時令

夏小正戴氏傳四卷

夏小正大戴禮之篇名也政和中山陰傅崧卿

從其外兄闕澮得之闕本合傳爲一卷不著作

傳人名氏崧卿倣左氏春秋列正文于前而附

以傳月爲一篇凡十有二篇釐爲四卷重刊于

至大元年

宗懍荊楚歲時記一卷

杜公瞻注流俗本正文與注混淆此則舊本也

陳元靚歲時廣記四卷

首列圖說分四時爲四卷諸書之有涉于節序

者搜討殆徧亦可入之小類家元靚南宋人自

稱廣寒仙齋朱鑑劉沌爲之序

韓諤歲華紀麗七卷

此是舊鈔卷終闕字數行又失末葉無從補

入後見章丘李中麓藏宋刻本脫落正同知是

此本之祖蓋因歲久墨敚紙渝字跡不可捫摸

故鈔本仍之耳

費著歲華記麗補一卷

費著元人記成都歲時嬉遊之盛予得之于癸

巳老人命侍史重錄之

月十有二而成歲其盈虛消長之數有差候氣
之運各異涵虛子謂飲食起居必順天道以寧
化育故纂此書以備月覽于攝生之道可謂詳
矣前載歲占圖後附天地混元之數及三元八
會等辰其以中元爲丁令威救母之日釋氏謂
之目蓮未悉其所本何自姑識于此以俟博聞
者

李泰四時氣候四卷

書成于洪熙乙巳刋于景泰乙亥視前人訓釋

月令頗加詳焉

器用

鄭文寶傳國璽譜一卷

嘉靖辛丑刻于金閭此乃舊鈔也

玉璽傳聞一卷

卷終一行卓昌宋隆夫書不知何人内稱大元

皇帝則爲元人無疑後有觟菴先生跋語清常

道人得之赤岸李氏

考古圖十卷續考古圖五卷釋文一卷

汲郡呂大臨論次考古圖成并識古器所藏于
目錄後秘閣太常內藏外列三十七家即後記
謂閱之士大夫得傳摹圖寫者蓋非朝伊夕矣
其續圖五卷釋文一卷文獻通考俱不載豈貴
與暨諸藏書家都未見此本耶間以元刻讎校
牴牾脫落幾不成書此係北宋鏤板子得之梁
溪顧脩遠洄縹囊中異物也後為季滄葦借去
屢索不還耿耿掛胸臆者數年滄葦末此書歸

續青文玄八巴文 ̄器用　　　　　十六

二三一

之徐乾菴子復從健菴借來躬自摹寫其圖象

命良工繪畫不失毫髮楮墨更精于槧本閱之

沾沾自喜嗟嗟此書得而失失而復得繕寫成

帙子之嗜好可謂勤矣然聚散何常終歸一嘅

學者唯以善讀爲善藏可耳

宣和重脩博古圖錄三十卷

博古圖成于宣和年間而謂之重脩者葢以採

取黃長睿博古圖說在前也至大翻雕而仍謂

之重脩宣和博古圖未知所脩何事循名責寔

豈不可笑是書雕造精工字法俱撫歐陽乃當

時名手所書非草草付諸剞劂者凡臣王巖撰

云云元板都爲削去殆以人廢書歟

泉志十五卷

泉志鄱陽洪遵撰嘉靖壬午秋茶夢菴鈔本

歷代錢譜一卷

元至大二年十月詔以歷代舊錢與新錢並行

是書成于三年季春

查考錢法一卷

文房四譜五卷

萬曆乙巳清常道人校錄孫蘭上本

蘇易簡集文房四譜徐騎省序之云筆硯紙墨
為學所資不可斯須闕予亦好學者覽此書而
珍之故為文冠篇以示來者此序是牧翁手錄
通本皆經勘對疑誤讀者其善視之

硯箋四卷

硯箋四卷高似孫脩經籍志作一卷誤也晉人
言吳融八韻賦古今無歐惜乎亡來已久此存

得古瓦研賦一篇歸然嘗靈光矣

陸友墨史三卷

友字友仁蘇州人善爲歌詩工八分隸楷博極

羣物闢小室僅可容膝清坐竟日自號硯北生

著硯北雜志携李項氏刊行之其原本今藏予

家又著墨史纂魏晉宋墨法三人唐及五代墨

工二十八人宋一百七十八人附以高麗契丹西域

金國其搜訪可謂不遺餘力矣又云新羅墨有

蠅飲其汁立斃者不知用何毒亦異聞也

陳氏香譜四卷

新纂香譜河南陳敬子中編次內府元人鈔本

凡古今香品香異諸家脩製印篆凝和佩薰塗

傅等香及餅煤器珠藥茶以至事類傳序說銘

頌賦詩莫不網羅搜討一一具載熊朋來序之

云陳氏香譜自子中至浩卿再世乃脫槁可謂

集大成矣古人命筆雖小道不敢聊爾成書今

人偶撮一二零斷香譜刊入類書中沾沾誇詡

真不滿識香長者之一笑也書館琴窗蕭晨良

夜静對此譜如燒大象藏香一九典光綱雲覆

甘露味國爾時鼻觀先參者爲何如也

弧矢譜一卷

詳論弓弩箭之制其稱跪蹬弩張憑伏之于中

林而捉眞珠即時俊用之于射狼關以敗四太

子殆是紹興年間經進之書也

食經

忽思慧飲膳正要三卷

予擬作一室額之曰養生主而列一聯于其旁

云也飲酒也啖肉素心何必素口自擔柴自運
水勞力不肯勞神或惑之以遠庖廚之戒不覺
失笑今觀忽思慧此書又與食肉者鄙之慮矣

易牙遺意二卷

予非知味者過屠門而大嚼固未必然但嘉賓
互對促席行杯肴核方圓食單似不可不講此
於蔬菜餚饌造法頗精緻其亦山家清供之一

助歟

糖霜譜一卷

遂寧王灼晦叔撰書凡七篇古有柘漿蔗餳石

蜜蔗酒而無糖霜唐太宗遣使至摩揭陀國取

熬糖法亦似今之沙糖不言作霜也大曆間有

僧號鄒和尚者登繖山結茅以居因取蔗糖為

霜流傳其法凡耕種蔗田事宜及糖霜戶器用

瑣碎採掇悉著于篇

種藝

陸脩靜靈芝瑞草象二卷

祥符元年王欽若獻芝草八千一百九十三本

又獻泰山芝草三萬八千餘本六年丁謂獻芝

草三萬七千餘本七年又獻九萬五千本予每

笑人主後言符瑞臣下貢諛者不獨野鳥可以

爲鸞即朝菌咸可名芝矣今觀脩靜此圖令人

興童初蕭間之想良常有芝號螢火人得食一

枚心中一孔明食七枚七孔明便能夜書宜補

入此圖之後因思祥符君臣當時君見此書更

不知作何等妄談也

白雲仙人靈草歌一卷

白雲仙人不知誰何圖靈草五十四種而附以

歌皆世所未見未聞者苟非位秩仙班恐難遇

此靈草也

玉蘂辨証一卷

玉蘂辨証舊藏宋刻後亦歸之泰興季氏此從

宋刻摹寫者

瓊華集五卷

曹璿得寶祐維楊志知花始末編成新集首之

以考證遺事繼之以詩文所載張三丰與丘汝

乘筆游蓬萊觀取水喫八仙變爲瓊華香聞十

餘里三丰即于是夕遁去汝乘詩云不知今夕

游何處引鶴同棲貫月槎其事獨見于此

瓊華考一卷

成化丁未四明楊端木輯瓊華考成凡古今序

記詩賦都爲一集流覽之餘恍如枯樹回春喚

醒瓊華之夢也

俞貞木種樹書一卷

樊遲請學稼學圃夫子目之爲小人彼壟上輟

耕間園種菜者殆何如耶伊子檴櫟庸材爲時
所吐棄退而耕于野滌埸除地類老圃所爲瓜
塍豆離黍錯于牛欄豚柵之旁中築室顏曰小
人齋時時偃息其所白木几上堆種樹篇探春
日記汝南圃史樹藝錄等書隨意披覽頗遂息
機摧幢之志間或勤其肢體輒課督便了茇縈
治穢採掇嘉蔬碩果與婦子相顧而樂之更不
屑咏南山之其豆擊缶而歌呼嗚嗚也或曰夫
子之稱小人猶佛家之謂小乘云爾鑒混沌者

一日鑿一竅至七日而混沌死子今蔽影蓬廬

等諸逃虛空者捲龜殼而食蛤蜊期于汗漫游

于九垓之外爲不可雕之朽木真混沌所弗如

豈非小人之尤者歟借以名斯齋誰曰不宜子

以仰視雲漢松濤酒面不辨天首之爲乙爲丙

時方讀貞木書聽之听然笑推卷而起據槁梧

也聊識其語于卷末以記歲月云時乙丑重陽

前一日

養養

師曠禽經一卷

晉張華注從元鈔錄出流俗本刊于百川學海

中文注混淆改盡舊觀矣

鶻譜一卷

樗菴居士校獵平原知鷹之性能搏而不能擊

鶻之性則擊搏皆能又知鶻類有二鴉鶻體小

而胆勇性馴易調習兒鶻體大而性剛爲難調

間有能者則遠勝于鴉鶻且深悉所以養飼調

習形相美惡故著鶻譜十篇其十終以俊鶻擒

鸳二十圖圖各有名系以詩雖紀一時之興會

亦可見永樂中隆平氣象奉藩多暇習騎射于

田獵之中爲足樂也

古木古串鵪鴿論譜一卷

此内府藏本鴿房錄出者其名自嘉興花劈破

玉至臥泥挾翅共九十四種逐種詳論之據云

直省異樣異色者盡于是嘖亦奇矣

蟋蟀經二卷

蟋蟀經相傳賈秋壑所輯其于相辨喂養調治

之法咸備文詞頗雅馴牧翁詩中更籌帷幄選

將登塲句採其語也予昔藏徽藩芸窗道人五

綵繪畫本爲季滄葦豪奪去茲則絳雲樓舊鈔

本也

傳記

廣黃帝本行記一卷

唐閬州晉安縣主簿王瓘進述黃帝脩行道德

諸事

軒轅黃帝傳一卷

闕撰者氏名注引綱鑑外紀殆是宋人所著歟

漢武內傳一卷

辱守居士空居閣校本廣記刪玄靈二曲及十

二字篇目又脫朱鳥窗一段對過始知此本為

完書

漢武外傳一卷

雜記漢武以後事雖名外傳實與漢武無涉

漢武故事二卷

一是錫山秦女操繡石書堂本與新刻頗異一

虬鬚客傳一卷

是陳文燭晦伯家本又與秦本互異今兩存之

楊彥淵筆錄云口上曰髭頤下曰鬚在耳頰旁

曰髯上連髮曰鬢鬚之不混鬢也明矣漢朱傅

傅奮鬚抵几蜀志猶未及髯之絕倫逸羣黃香

責髯奴辭離離君緣坡之竹蠻贅若春田之苗

古人描寫鬚之修美並未言其虬也老杜八哀

詩虬鬚似太宗酉陽雜俎太宗虬鬚常戲張掛

弓矢南部新書太宗文皇帝虬鬚上可掛一弓

賣書女之已卷二傳記　　　　　三七

益虬蠶字之有本吞此今人安得妄改為虬蠶

客乎考其繆始于紅拂傳奇流俗承譌巳久故

書以正之

費樞廉吏傳二卷

天地穢濁之氣生卤庸貪猥之徒凡弱下愚之

類以敗壞國家未有甚于宋之政宣年間者也

成都費樞秉經摭傳類次廉吏傳成序于宣和

巳巳其言曰邇者奸臣當路群枉並進官以賄

授冗濫多門漢世賊吏禁錮子孫三世不得入

仕今願以此爲獻果哉費君敢言不避權惡志

在疾世憂國借此書以寓激揚之意夫豈無謂

而苟作者何邦基云載公孫弘而不沒其忌害

之實載牛僧孺而不盎其朋黨之罪所學實有

以助史官之賞罰是又淺之乎其知之矣

謝諤孝史五十卷

謝諤孝史君紀五卷后德一卷宗表四卷臣傳

三十五卷婦則二卷文類二卷夷附一卷總計

五十卷弁序目淳熙十五年三月八日狀奏授

進教授臣張綱校正作後序此書世罕其傳予

從印宋本抄錄藏之家塾以示子孫歐陽玄序

番陽楊玄翁忠史嘉其是非枉直瞭然不繆于

古人且謂是書果行書之幸世之幸也予於孝

史亦云

葛洪神仙傳十卷

袁陶齋藏書後歸秦四麟又玄齋流傳至胤伽

居士春雪樓三君皆好古碩士所藏率多舊鈔

本故其書正定可傳覽者勿忽之

真仙體道通鑑前集三十六卷後集六卷

前集軒轅皇帝至趙元陽止後集無上元君至

孫仙姑止蓋以女仙故而爲之區分也浮雲山

道士趙道一編脩前有表進之昊天上帝未免

浮而夸矣

重編義勇武安王集二卷

辛丑孟冬初旬吾邑西鄉迎關神賽會先期王

示夢里人云紅豆莊有警廿八至初二須往護

持過此方許出會是日牧翁赴李石堂使君之

約入城止宿山莊其夜盜至而公無虞王之靈

實芘焉公齋心著是書者蓋所以答神佑也元

季巴郡胡琦編刻關王事蹟嘉靖四年高陵呂

柟復校次刊之名義勇武安王集公取二書次

第釐定考正刪補而謂之重編者因名仍呂公

之舊耳公又取錢唐羅貫中撰通俗演義三國

志又内府元人雜劇撮拾其與史傳牴牾者力

爲舉正而子于此亦有疑焉神座右塑立周倉

像傳來甚久遍考書史絕無其人僅見于小說

傳奇那可爲據今王之廟貌徧天下罕有楝及

此者何也且如桓侯字蓋德內府板演義傳尚

未之改而流俗本竟刊爲翼德豈不可笑或有

爲之說者曰桓侯名飛撲厥字義焉知非翼德

于子笑語之曰如子云豈獨桓矣宜此字卽

王之諱羽亦應移此字字之矣其人憮憮而去

并書之以發一笑

祠山事要指掌集八卷

嘉熙巳夾三山周秉秀纂類一世系二封爵次

讀書敏求記卷二傳記　三十

序三顯應事迹四正訛五祠宇六生辰七事始

附雜編入威濟矦方使者王諱渤清河張氏相

傳生于漢代吳興郡烏程橫山人也王一妃二

夫人九弟五子一女八孫集載之甚詳洵爲祠

山典故惜于世罕其本人見之者尠耳

雷神紀事二卷

此書載雷神出處甚詳靈異可怪按太平寰宇

記貞觀八年改東合州爲雷州雷公廟在州西

南七里咸通十二年置並未及雷神事止云俗

候雷時具酒肴莫焉法甚嚴謹有以飱肉雜置

食者霹靂即至是神之胙蠁亘古如一也宋元

時封詰班班可考飛來銅鼓猶在廟中後人焉

得以語怪誕之但紀事云神生于漢朝未知古

聖人烈風雷雨弗迷迅雷風烈必變彼時司之

者又何神也

廣異記六卷

杜詩諸將篇昔日玉魚蒙葬地以此書劉門奴

事註之流俗本誤爲明奴非也考之廣記善本

亦然丙午夏滄葦邀予渡江校刊牧翁草堂箋

注曰長苦志數月始潰于成後偶以事還家忽

爲妄庸子改作明奴且行間多以方空界字可

恨也

李翺卓異記一卷

開成五年翺在檀溪述虛舟道人云蕭氏自瑀

至遵八葉宰相閒閤之盛有唐莫與之比而卓

異記不及何耶按翺書成于文帝時焉能下記

宣懿僖三朝事虛舟之跋殆亦未之思也歟

樂史廣卓異記二十卷目錄一卷

樂史集漢魏以來至五代卓異事都爲一集撮
神仙殊異者附于後惜其所撰續唐卓異記三
卷失傳爲恨耳

古列女傳七卷續列女傳一卷

顏氏家訓云劉向所造其子歆又作頌終于趙
悼后而傳有更始韓夫人明德馬后及梁夫人
嬪皆後人所羼非本文也今此本始于有虞二
妃至趙悼后號古列女傳周郊婦至東漢梁嫕

等以時次之別為一篇號續列女傳頌義大序

列于目錄前小序七篇散見目錄中間頌見各

人傳後而傳各有圖卷首標題晉大司馬參軍

顧愷之圖畫蓋顏氏所云而藕子容嘗見江南

人家舊本其畫為古佩服各題其頌像側者與

此恰相符合定為古本無疑千載而下覩此得

存古人形容儀法真奇書也牧翁亂後入燕得

于南城廢殿卷末一條云一本永樂二年七月

二十五日藕叔敬買到當時採訪書籍必貼進

孟姜女集二卷

買人氏名鄭重不苟如此內府珍藏流落人間

展轉得歸于予不勝百六颶廻之感

世傳孟姜女爲范杞梁妻予暇日考之蓋所謂

俗語不寒流爲丹青者此類是也傳襄公二十

三年莒子獲杞梁齊侯歸遇杞梁之妻于郊使

甲之辭曰有先人之敝廬在杜注杞梁即杞植

劉向列女傳莊公襲莒杞梁戰死妻無子枕其

夫之屍于城下而哭十日而城爲之崩既葬曰

吾何歸矣赴淄水死君子稱其貞而知禮是杞
梁去于築城時巳三百四十餘年安得以此牽
合耶考孟子正義亦有或云其妻孟姜之說謬
以傳譌知其來巳久然謂或云者正疑而未必
之辭斷不得即以范姓加之杞梁也今此集云
女姓姜楚地澧人行一故曰孟姜秦始皇築長
城夫范即往赴其役久不歸製寒衣躬往送之
至則范巳死痛哭城崩瀝血求夫骨函歸行至
同官山力竭死土人即其遺骸立祠以祀之自

元及明季詩文盈帙盡皆杞梁之名而獨稱范

郎者殆有所考而云然歟千百年來廟貌猶新

靈異如昨一種貞烈之氣自在天壤間予故録

而存焉

譜牒

東家雜記三卷

牧翁書趙太史魯游藻後亟稱東家雜記祖庭

廣記諸書而惜子之未見也壬戌冬日葉九來

過訪草堂云有宋槧本東家雜記因假借繕寫

讀書敏求記卷二 譜牒　　　　　　　　二五

一六三

此書爲先聖四十七代孫孔傳所編首列杏壇

圖說記夫子車從出國東門因觀杏壇歷級而

上顧弟子曰茲嘗將藏文仲擔將之壇也觀物

思人命琴而歌其歌曰寒暑往來春復秋夕陽

西去水東流將軍戰馬今何在野草開花滿地

愁考諸家琴史俱失載附錄于此詳其語意未

知果爲夫子之歌否也

孔氏家譜一卷

先聖四十九代孫莘夫名琬宋乾道二年任臨

漢天師世家一卷

川丞遂家于此爲臨川始遷祖正德癸酉吾虞

陳言知撫州編此序之蓋孔氏臨川族譜也

嗣漢四十二代天師冲虛子命傳同虛編次宋

潛溪序其簡端其子耆山公又自爲序以行紀

載詳贍中稱三十代天師諱繼先者宋崇寧二

年投符解州鹽池磔蛟虬水喬上問用何將隨

召關羽見于殿左上驚擲崇寧錢與之曰以此

封汝世因祀爲崇寧真君可補神達之闕遺也

科第

紹興十八年同年小録

唐末進士不第坎壈失職如王仙芝輩倡亂而
敬翔李振之徒亦皆進士之不得志者宋祖深
鑒其故廣開科舉之途開寶二年三月壬寅朔
詔禮部閱貢士十五舉以上曾終場者具名以
聞特恩各賜本科出身此特奏之所由始也景
德二年三月丁巳李迪等進士及第賜特奏名
五舉以上本科六十四人三傳十八人同學究

二十二人三禮四十四人年老授將作監主簿
三十一人特奏之名所由立也祥符八年又以
人多而裁抑之特奏名並赴殿試是後循以為
例故終宋之世其禍患皆起于夷狄而中國士
子雖潦倒場屋窮老盡氣無自棄于盜賊如唐
末之亂者此錄後列特奏名一人殆猶存告朔
餼羊之遺意與第五甲第九十名朱熹字元晦
小名沈郎小字季延王同軌記其詳于耳譚中
余考宋朝登科錄唯此與寶祐四年者僅存則

寶祐四年登科錄

知此錄之傳蓋以文公故而垂之久遠耳

困學紀聞云唐制舉之名多至八十有六故當

時謂之科目自王安石罷諸科後之進士有科

而無目矣今寶祐四年登科錄宋末稱爲文天

祥榜進士蓋制科以人爲重也明太祖洪武四

年十七年開科十八年會試循元舊例作經疑

試士至二十一年始定三場之制三百年來燈

窗小生爇爛時藝影掠論策刺取榮名利祿自

通籍以還未聞仕優則學之大夫是又人以制
科為重而非制科以人為重也火矣先正丘文
莊公言士子有登名前列不知史冊名目朝代
先後字書偏傍者可不懼哉可不嘆哉大有為
之君作師于上倣漢唐宋射策決科詩賦取士
之法一洗制義陋習重興儒雅豈非斯文之大

樂史序云從梁至周郡國割據更名易地蓋四
朝三撰太平寰宇記自河南周于海外名賈駝
之漏落吉甫之闕遺此盡次焉子攷之唐分天
下爲十道後又分山南江南爲東西道古今山
河兩戒之區別至于斯爲盡善而此書因之且
較詳于九域志宜乎樂史之自以爲無掛漏也
祝穆方輿勝覽止南渡半壁天下識者能無與

小朝廷之慨乎

王象之輿圖紀勝二百卷

紀勝者凡山川人物碑刻題詠無不蒐集首臨

安以尊行在而幅員之版圖未復者不與焉亦

祝穆之例也鏤刻精雅楮墨如新乃宋本中之

佳者

酈道元註水經四十卷

昔者陸孟㟁先生有影鈔宋刻水經注與吾家

藏本相同後多宋板題跋一葉不著名氏余因

錄之其跋云水經舊有三十卷刋于成都府學

宮元祐二年春運判孫公始得善本于何聖從

一七一

家以舊編校之　纔三分之一耳乃與運使晏公
委官校正募工鏤版完缺補漏比舊本凡益編
一十有二共成四十卷其編帙小失次第先後
咸以何氏本爲正元祐二年八月初一日記詳
觀跋語是本在當時蓋稱完善惜後人無翻雕
之者余故備録此跋以告世之藏書家

分野一卷

以九州配周天度數而以十二時分十二分野
隸之以二十八宿離之　合之　規布星辰于指掌

之中真奇書也

大明清類天文分野書二十四卷

晉天文志十二次分野始角亢者以東方蒼龍
爲之晉也唐十二次始女虛危者以十二支子
爲之首也今以斗牛爲星分之首者曰月五星
起于斗宿古之言天者由斗牛以紀星故曰星
紀則星紀爲十二紀之首而斗牛又二十八舍
之首也此書聖祖命屬藁于犁眉公鐵冠道人
洪武十七年甲子閏十月二十七日進始于斗

牛吳越分野首著開天之神功終以雲漢之末

派龜魚麗焉即一書之始終可作運命論讀矣

後之脩明史者于此徵輿地志更何煩他求乎

范成大吳郡志五十卷

石湖著吳郡志成郡守具本欲刻時有求附其

事于籍而弗得者譁曰非公之筆刻遂中止書

藏學宮紹定初元李壽朋以尚書即出守始增

所缺遺訂其脫誤而刊行之宋槧本書籍注中

有注者惟此及高誘戰國策他則未之見也

渚宫舊事五卷

余知渚宫舊事十卷今止存前五卷餘五卷亡

求之矣

葛洪西京雜記二卷

後序云此兩卷在洪巾箱中嘗以自隨則原書

為二卷無疑流俗本妄分六卷繆甚矣章丘李

中麓所藏卷仍上下但每事標題又分自甲至

癸殆猶存子駿漢書之舊與侯博識者詳論之

建康實錄二十卷

建康楚金陵邑秦改秣陵吳改建業晉愍帝諱

業又改爲建康元帝即位稱建康宮五代仍之

許嵩舉吳首事之年通西晉華吳以迄南朝事

勒成一書名曰建康實錄黃子羽藏嘉祐年間

鏤本吾猶及見之此則子羽家小胥所鈔也

楊衒之洛陽伽藍記五卷

清常道人跋云歲巳亥覽吳琯刻古今逸史中

洛陽伽藍記讀未數字輒齟齬不可句因購得

陳錫玄秦酉岩顧寧字孫蘭公四家鈔本改其

譌者四百八十八字增其脫者三百廿字丙午

又得舊刻本校于燕山龍驤邸中復改正五十

餘字凡歷八載始爲完書清常言讐勘之難如

此予嘗論牧翁絳雲樓讀書者之藏書也清常

歿書盡歸牧翁武康山中白晝鬼哭嗜書之精

靈若是伊予腹笥單踈囊無任敬子之異本又

何敢厠于墨莊藝圃之列然絳雲一燼之後凡

清常手挍秘鈔書都未爲六丁取去牧翁悉作

蔡邕之贈天殆留此以伕助子之詩注耶何其

幸哉又何其幸哉

夢華錄十卷

幽蘭居士孟元老追叙東京舊遊編次成集緬
懷曩昔如企華胥夢覺因名夢華錄書成于紹
興丁卯去靖康丙午之明年又二十一年矣南
渡君臣其猶有故都舊君之思如元老者乎劉
屏山汴京絕句憶得少年多樂事夜深燈火上
樊樓盖同一噓歎也予衰運晼晚情懷牢落回
首凄然感慨尤甚于元老今閱此書等月光之

水但無人爲除去瓦礫耳

夢梁錄二十卷

往子讀南濠文見其跋吳自牧夢梁錄凡臨安

時序土俗坊宇游戲之事固不筆載葢繼元老

夢華而作者私心竊慕之而未由覯其書芹季

輦下還解裝出書二百餘帙邀子往視皆秘本

也因笑曰僕頃游南昌空橐抵里途次作得詩

三十餘首每詫于人此行可爲壯游矣彼篛竿

牘問苴囂囊若者曾不以易我奚囊中物

也子今搜奇覽異捆載秘書而還視子幾窮途

酸語所得不已遠乎李嘆曰浪迹兩年未嘗遇

一真好書人歸而求之於子有餘師矣當悉索

以供繕寫毋煩借書一瓻但視世之夢夢粥粥

假牧兒之盖而乞隣女之光者我兩人好尚之

異同爲何如耶子因次第借歸自春徂秋十鈔

五六夢梁録亦其一焉嗟嗟近代藏書家推章

丘李氏金陵焦氏王孫則西亭之萬卷堂汴七

竹居文史盡隨怒濤去矣灰劫之餘未知金陵

圖籍猶有存焉否今斧季所購乃中麓秘藏之

物予不敢忘所自遂牽連書之如此

武林舊事十卷

武林舊事流俗本止六卷予從元人鈔仇先生

所藏錄得後四卷乾淳奉親之事今昔所無閱

之不勝惋嘆後過吳門書肆又購得一本校此

添補數則并錄入泗水潛夫前序一篇此書始

無遺憾矣

陸游入蜀記六卷

放翁于乾道五年十二月六日得報差通判夔
州以久病未堪遠役至次年閏五月十八日晚
始即路十二月二十七早至夔州凡途中山川
易險風俗淳漓及古今名勝戰爭之地無不排
日記錄一行後而習心世道如此後時家祭無
忘蓋有素焉卷中所記慈老磯即南唐磯若冰
獻策作浮梁渡王師處而宋史作槳若水未知
孰是附識于此

古今輿地圖二卷

起帝嚳九州至元末羣雄悉以明朝華夷區域

為總要復朱界其間標舉歷代地理于上凡古

今山水名及一行山河兩戒圖咸載焉昔謝莊

分左氏經傳隨國立篇製成本方文圖山川土地

各有分理離之則州別郡殊合之則宇內為一

後人嘆美之以為絕學此書苦心志不減希逸

惜乎名氏翳如為之浩歎

統輿圖二卷

唐貞觀初因山川形便分天下為十道一曰關

一八三

內二曰河南三曰河東四曰河北五曰山南六

曰隴右七曰淮南八曰江南九曰劍南十曰嶺

南開元二十一年又分山南江南爲東西道增

黔中道及京畿都畿置十五採訪使簡察如漢

刺史之職夫所謂江南東道理吳郡今蘇州也

江南西道理豫章今南昌也是東西之分並在

大江以南不得如今之但稱江西也元起朔漠

四履所至比隆前代立中書省一行省十有八

曰遼陽曰河南曰陝西曰四川曰甘肅曰雲南

曰江浙曰江西曰湖廣曰征東考江西之名省

至是始大定焉因江南西道設省誤南字之謬

耳不知南昌可稱江西則贛州竟謂之江東可

乎明興聖祖肇造區夏分天下爲兩京十三省

獨江西之名仍其譌而弗改殊所不解然古今

地圖莫詳于明代盖天下定于一幅員所被者

廣耳吾家藏統輿圖南北直隸及各省郡縣以

至邊防海道河圖運漕外國屬夷靡不考核焉

圖如蚊睫字若蠅頭繕寫三年而後成彼柏鷖

廣菁文之已卷二地理輿圖罢

所圖章亥所步不出戶庭而列萬里職方于八

案間豈非大快事歟寶護此書便可壓倒海內

藏書家非予之懲言也

一統輿圖一卷

輿圖桂蕚撰兩京十三省四夷約而為圖十六

嘉靖八年六月初一日進呈奉旨騰寫副本留

內閣

重譯圖經二卷

圖共一百三十有四五采繪画精妙絕倫博採

朝貢典錄四夷考島夷志等成書掇而可稽昔

人作王會圖亦不是過矣此等書人間絕少唯

吾家有之披視之間洵足驚人蝶虫錄雜採山

海經異狀圖之不足存也

嶺海輿圖一卷

唐分廣南爲廣南東路廣南西路後人省文但

稱廣東廣西如江西之例承譌襲謬其來已久

無識者正之良可喑也此稱嶺海輿圖莆田姚

虞摸虞于嘉靖年間按部廣東著此書爲圖十

二名係以叙記其言雖簡而要者咸得考焉

虔臺撫屬地圖一卷

贛為古之虔州國朝開府于此故稱虔臺東則

福建漳南道汀州府八縣南則廣東嶺南道南

韶道南雄府二縣韶州府六縣北則江南嶺北

道湖西道南安州四縣贛州府十一縣吉安府

五縣西則河南郴桂道郴州五縣皆撫屬之地

長沙李棠鎮臨于此移行各道府縣詳考境內

地形畫圖貼說彙成此帙六道七府州之險臨

瞭然如指諸掌矣

薊鎮東路圖册一卷

萬曆三十年二月副總兵蘇承訓將所屬山右

燕建四路自山海關南海口靖虜一號臺起至

建昌路白道子地方交界白草窪一百四十五

號臺止邊長丈尺臺墩烽堠一一畫圖貼說開

報誠聚米畫籌之心事也

榆林全鎮圖說一卷

前有總圖後分極衝次衝諸圖榆林乃九邊保

障之首總轄三十六堡邊墻一千二百里余叔

敏建設于前文巡撫增脩于後隆慶三年蒲坂

馮舜漁著此圖說

三省礦防圖說一卷

三省者浙江南直隸江西也奸民礦徒往往嘯

聚空掘隆慶元年頒行此圖說于各屬以稽考

禁止之

建昌諸夷圖一卷

建昌所部夷九種嘉靖戊子夏備兵使上蔡周

汝勤適訪其風俗所尚并圖其形狀刻之

貴州諸夷圖一卷

貴藩僉議李公重刊貴州夷圖共三十五種宣

德甲寅歲丑月徵右僉議清陽賈昭為之序

雲南諸夷圖一卷

雲南夷三十七種舊有圖刊其為官學佛漁獵

貿易諸狀其部落種類質之勇怯心之慈暴與

居處之險易名題于其上歲久漫漶布政使毘

陵殷公請于黔國公重鋟諸梓宣德辛亥夏巡

安南國志一卷

按御史虓閩杜琮序其首

漢武平南越置交趾九真日南三郡光武時女
子徵則徵貳反馬援討平之建炎中改爲尩州
唐置都護府改爲安南梁貞明中曲承美楊廷
藝皎公羡吳權相繼篡奪宋初丁璉據地入貢
太祖封爲交趾郡王從此不入中國版圖者四
百四十六年永樂初黎季犛弒其君陳日焜誅戮
陳氏殆盡二年老撾傳送故王之孫陳天平來

朝四年春季犛僞請天平還國至芹跕伏兵殺之幵使者大理寺卿薛嵒大宗震怒命成國公

朱能新城侯張輔西平侯沐成出廣西雲南兩路討之親禡龍江誓師十月庚子能疾卒于龍

州輔代總其衆五月擒季犛父子獻俘詔求陳氏後無存者遂依漢唐時郡縣其地六年

輔還進封英國公厥後交人簡定陳季擴鄧宗昊輩徂詐屢叛復命輔討平之英國凡三下安

南交人慴服遂留鎮其地十五年召還宣德元

年黎利反王通討之失利栁升中伏死沐晟兵

觀望不前三年黎利上表僞稱立陳氏後英國

公輔尚書塞義夏原吉力爭以爲不可從大學

士楊士奇楊榮引漢弃珠厓之說爲解上允其

請君子嘆當時廟堂無卓識大臣命英國鎮交

州如黔國之在雲南俾世守其土交人憚英國

威名雖犂利何能爲乃以祖宗成業捐于謀國

者之片言屨霜堅氷後時咒水之禍飛走都窮

真可爲痛哭者也黎利又稱陳氏絕種上心知

其妄然業已置之乃詔利署安南國事黎氏遂

世主其地正德十一年陳暠弒其主晭自立莫

登庸逐之立晭兄子譓無何登庸自僭為安南

王上命咸寧侯仇鸞尚書毛伯溫致討登庸父

子懼束身乞降詔赦登庸為安南都統使世其

職萬曆間鄭檢父子立黎暉後誰渾為主盡逐

莫氏遺孽誰渾遣使詣督臣歸罪二十四年受

降如登庸上亦詔之為都統使蓋安南自黎利

竊據以來叛服不一雖奉貢稱藩然自帝如趙

佗中國不得而主勞臣志士每興弃交州之歎
鄧鍾序此稱失在召還新城侯後追思國初命
將故事三致意焉于伏波英國輯爲圖志意
遠矣予今詳述安南始末于此書之後寔有隱
恫焉悠悠我心千載而下誰則知之

朝鮮八道圖一卷

八道圖京畿道忠清道全羅道慶尚道江原道
咸鏡道黃海道平安道前各係以圖後列州郡
名下詳四至所刊頗效元和圖志例鏤板樸雅

繭紙堅緻裝潢悉依宋時工匠東國奉笈子風

教留心圖籍其猶是古人之遺旨歟

日本圖纂一卷

鄭若曾從奉化人得倭國圖本持以詢諸使臣

降夷通事大長之屬錯綜互訂頗得其真其于

山川夷險風俗強弱技術巧拙器物精否部道

驛戶之詳與夫通貢入寇之路風汛逆順遲疾

之期按圖可盡得其要領山陰王畿序之如此

鄭子尚有萬里海防圖論俟更覓之

廬山圖一卷

圖尚總要故首之以總圖山勢四面皆奇非一

圖可盡故次之以分圖山頂之攢峰叢嶺未及

也廬山之勝在瀑布也故又次之以山頂之圖

瀑布之圖三疊泉之奇更在瀑布上非圖家所

能及故圖缺焉

黃山圖經一卷

黃山舊名黟山軒轅黃帝栖真之地當宣歙二

郡唐天寶六年六月七日勅改爲黃山今名圖

経尊此書也予注牧翁游黃山詩大半取此披

覽全圖真神游于三十六峰之間矣

勞山仙蹟詩一卷

丘長春詩三十餘首王重陽馬丹陽劉朗然各

數首是集人間絕少萬曆乙邜趙清常借柏臺

靖恭堂本繕寫

台山靈異錄一卷

瓊臺山人麗櫟輯古今靈異圖志二十餘事編

成此書

別志

高麗圖經四十卷

宣和六年徐兢奉使高麗撰圖經四十卷凡三

百條物圖其形事爲之說上之御府乾道三年

徐嘗鏤板澂江惜于圖亡而經存兢字叔明張

孝伯與作行狀附刊于卷末

東國史畧六卷

東國史畧始自檀君終于恭讓王上下千餘年

幽奇理亂之迹靡不具載李氏弒君篡位而此

稱成桂為太祖芳遠為太宗蓋執筆者為其臣

子不得不然史記鄭夢周忌太祖威德欲乘隆

馬病篤圖之太宗與李濟謀去夢周遣趙英珪

等邀于路擊斃之籍其家并放李穡于韓州至

是而王氏之舊臣盡矣又稱夢周為人有忠孝

大節國家多故處大事決大疑不動聲色咸適

其當穑天資明敏與夢周同心始終不變臣節

如是而成桂父子之忌二人唯恐剪除不速安

能項刺忘之耶此書諱而不沒其實信良史也

其猶有箕子之遺教歟

吳明濟朝鮮世紀一卷

會稽吳明濟子魚萬曆丁酉以客從司馬公賛

畫東援朝鮮諮訪事蹟撰世紀記高麗始末最

詳辛禍之事同乎呂嬴牛馬子魚謹而書之不

沒其實王氏自梁末帝貞明四年代高氏有其

國遂并新羅百濟之地稱後高麗傳三十二主

歷年四百七十五李成桂篡位復稱朝鮮高皇

帝祖訓云朝鮮國即高麗其李仁人子李成桂

今名曰者自洪武六年至洪武二十八年首尾

凡弑王氏四王姑待之聖祖之意蓋以朝鮮遠

在屬夷有稽天討而于李氏之篡弒則大書特

書以示萬世標之曰李成桂今名曰者直揭王

氏舊臣之名氏嚴于斧鉞之誅矣三百年來東

國陪臣伏讀聖祖之明訓有不爲之寒心者乎

華越朝鮮賦一卷

弘治元年越奉使朝鮮國夏五歸命鑿其聞見

作朝鮮賦即自爲注之越字尚矩寧都人官至

續高文×××二別志　　×四

南工部尚書歿諡文僖有文集傳行于世

黎崱安南志畧二十卷

崱字景高元時安南歸附人叙其山川文物風
土制度頗詳備白雲老人寥窔為之序一時名
公鉅卿如歐陽玄程鉅夫元明善許有壬等俱
稱許之乃外志中之佳者

紀古滇說集一卷

元人張道宗録上自唐虞迄于咸淳其閒方域
年運謠俗服叛一一詳載所記金馬碧雞事與

漢書頗異道宗澠氏沐朝弼謂其自言風土當
得其實留此以備參考可也

建觀自元貞乙未隨使招諭真臘至大德丁酉
始歸述其風土國事甚詳是冊從元鈔校錄說
海中刻者牴牾錯落十脫六七幾不成書矣

永樂初勅遣中外重臣循西海諸國宣宗嗣位
復命正使太監鄭和王景弘等往海外徧諭諸

番時金陵翠珍從事總制之幕往還三年所至

番部二十餘處在處詢訪紀錄無遺宣德元年

編次成集予觀其議事詳核行文瞻雅非若星

槎勝覽等書之影響成編者蓋三保下西洋委

巷流傳甚廣內府之劇戲看場之平話子虛乌

是皆俗語流為丹青耳今夷考之此冊首載永

樂十八年十二月初十日勅太監楊慶往西洋

公幹十九年十月十六日勅內官鄭和孔和卜

花唐觀保今遣內官洪保等送各番國使臣回

遷合用賞使即照依坐去數目關給與之宣德

五年五月初四日勅南京守備太監楊慶羅志

唐觀保大使袁城今命大監鄭和往西洋公幹

大小海舩該關領原交南京入庫各衙門一應

正錢粮幷賞賜幷原下西洋官員買到物件及

隨舩合用等物勅至即照數放支與太監鄭和

王景弘李興朱良楊真右少監洪保等關領前

去應用詳觀前後勅書下西洋似非鄭和一人

鄭和往返亦似非一次惜乎國初事蹟記載闕

如泛無援掂徒令人興放失舊聞之歎而已

黃省曾西洋朝貢典錄三卷

東川居士孫胤伽跋云此書序見黃公五岳集
久矣往來于胸中者三十年歲巳未錢受之搜
秘册于郡城故家得黃公手藁歸以貽予遂命
童子錄之此書初未入梓自藁本外只此册耳

汪煥章島夷志一卷

豫章汪煥章少負奇氣頁舶浮于海者數年始
歸書其目之所及不下數十國勒成一書名島

夷志中一則云至順庚午冬十月十有二日卸

帆大佛山下月明水清水中見樹婆娑意謂琅

玕珊瑚之屬命童子入水扳之出即堅如鐵高

僅盈尺槎牙奇怪枝有一蕊一花天然江色皖

開者彷彿牡丹半含者類乎薔薇舟人咸雀躍

曰此謂瓊樹開花海中稀有千年始一遇耳携

歸留于君子堂虞邵菴賦詩誌其異其所記奇

詭率多類此是書為元人舊鈔本至正年間河

東張煮三山吳鑒序之咸謂其言可信不誣鄒

衍曰九州之外復有九州煥章此志悉前古所

未聞子醞釀也無能發龔天之覆聊存其書而

巳

日本受領之事一卷

受領者受領天朝之賜予也字形音詭是彼國

人所書裝潢楷墨咸與中華異而甚精于中華

行間復以日本事注其旁不可辨識亦書案間

一奇物也

王宗載四夷館考二卷

國初以遏阨喬壤聲教隔閡設四夷館以通達

夷情援子弟之勁頴者授譯課業于彼國之來

使凡山川道里食貨謠俗瞭然如觀掌果迨後

肄習既廢籍記無徵此館幾為馬肆萬曆庚辰

王宗載提督四夷館蒐輯往牒刱為此書于柔

達之道不無小補云

華夷驛語一卷

洪武二十一年翰林侍講史源潔以華文驛胡

語三五堆垜而全其字核對訓釋而明其義輯

録刊布聖祖命劉三吾序之凡賜前元世系詔

誥勅書咸用胡語成文特刊于後高皇撫綏勝

國少苗裔其至德寖絕今古矣

華夷譯語二卷

分類聚編上則番書中則漢譯下則胡音乃回

回館新增者内府抄錄除此無別本宜秘之

回回館課三卷

諸番進貢駝馬玉石梭角求討膝襴織金叚茶

藥等件皆寫番書表奏回回館以中國字逐篇

譯之輯成三册藏之天府不知何年流落人間

為予所得存之以徵同文之化

屬夷枝派錄一卷

二祖以元之餘裔歸降効順賜以大寧全地立

泰寧朵顏福餘三衛設官襲職歲通兩貢其後

唯朵顏獨盛此書于三衛枝派住牧詳細錄之

有心哉斯人也今撮畧其要以彰二祖撫賞之

盛心并以告後之秉史筆者泰寧衛夷始祖都

督兀捏帖木兒右都督革于帖木兒二枝之後

共五處住牧柔顏衛夷始祖都督完者帖木兒

四世花當生十一男分十一枝厥後又分七十

派隨處住牧外脫羅又兒古彥卜二枝隨長昂

住牧晃忽納猛可海塔力三枝跟那木塞等住

牧革蘭台認義部落亦隨長昂住牧福餘衛夷

始祖都督指揮使柔兒于都督指揮使可反夷

始祖影克掌本衛印使指揮使扯禿四枝之後

共五處住牧予慮此書或致湮沒失傳屬夷枝

派便無從稽考故書其大凡於此

讀書敏求記卷二

吳興趙孟升用亨校字

　　　　　也是翁錢　曾　遵王

子

孔叢子七卷

孔子八世孫鮒字子魚論集仲尼子思子上子

高子順之言及巳之事凡二十一篇爲六卷名

孔叢子言有善而業集之也漢孝武朝太常孔

臧又以其所爲賦與書謂之連叢上下篇爲一

卷附于末嘉祐三年宋咸註成表進此則空居

荀子二十卷

閣藏本從至正二年元人所鈔録出者也

楊倞注荀子凡三十二篇爲二十卷弁劉向篇

目淳熙八年六月吳郡錢佃得元豐國子監本

弁二浙西蜀諸本叅校刊于江西計臺其跋耳

目所及此特爲精好予又藏呂夏卿重校本從

宋刻摹寫者字大悦目于此可稱雙璧矣

李軌注法言十三卷音義一卷

法言十三篇篇各有序總附之卷末同于班固

之叙傳然也宋咸升序于篇首殊失漢人著述

體裁李軌仍其舊而不更唐以前學人卓識如

此軌字洪範東晉尚書郎都亭侯所著書見隋

書經籍志此本後附音義一卷撰之者不知何

人是又洪範之桓君山矣

顔氏家訓七卷

顔氏家訓流俗本止二卷不知何年爲妄庸子

所淆亂遂令舉世罕覩原書近代刊行典籍大

都率意劉改俾古人心髓面目晦昧沉錮于千

載之下良可恨也嗟嗟秦火之後書亡有二其

毒甚于祖龍之炬一則宋時之經解逞私說憑

臆見專門理學人自名家漢唐以來諸大儒之

訓詁注疏一槩漫置不省經學幾幾乎滅熄矣

一則明朝之帖括自制義之業盛行士子專攻

此以取榮名利禄五經旁訓之外何從又有九

經十三經而況四庫書籍乎三百年來士大夫

劃肚無書撑腸少字皆制義誤之可為痛哭者

也是書為宋人名筆所錄淳熙七年嘉興沈撰

取閣本蜀本互爲叅定文從天台故叅知政事
謝公所校五代和凝本辨析精當後列考證二
十三條爲一卷沈君學識不凡讎勘此書當時
稱爲善本兼之繕寫精鈔古香襲人置之几案
間直奇寶也

續顏氏家訓七卷

續顏氏家訓半是宋槧本之絕佳者半是影宋
本舊鈔經籍志云朝請大夫李正公撰

元經薛氏傳十卷

陳亡而五國具所以存中國也江東中國之舊

衣冠禮義之所就也其未亡君子責其國焉曰

中國之禮義安在其已亡君子與其國焉曰猶

我中國之遺人也此元經之大旨也春秋抗王

而尊嘗元經抗帝而尊中國文中子之孝文猶

帝魏也殆夫子之遺意歟宋儒高談性命不達

經權數百年來抹摋其書無有揚之如司空表

聖皮襲美其人者可不嘆乎昔者賈人持宋本

蕭常續後漢書求售刻鏤精妙楮墨簇新見者

皆為悅目牧翁不開卷擲還之以其與運統背

馳耳獨此書于文字中往往服膺不少置嗟乎

銅川之志其即公之志也夫春秋成而周存

周者天也元經之專斷亦稟之于天命惜子公

所戌書一旦不戒于火三百年來之琬琰竟與

冷風劫灰同漸滅於終古天實為之謂之何哉

帝範一卷

貞觀末唐太宗御製帝範十二篇賜高宗晁氏

曰今存者六篇而此為完書豈不全于宋而反

四

馬融忠經一卷

全于今日歟

李長為漢南太守比儗孝經而作是書亦分一

十八章大司農鄭玄為之注解此本注中脱字

俱用宋刻校添

司馬溫公潛虛一卷張惇實潛虛發微論一卷

萬物祖于虛生于氣故有氣圖氣以成體體以

受性故有體圖性圖性以辨名名以立行故有

名圖行圖行以俟命故以命圖終焉張敦實曰

子雲作太玄以明易溫公作潛虛以明玄易之

所謂人道者不過乎仁義玄之所謂大訓者不

過乎忠孝虛之所謂人之務者不過乎五十五

行其立辭命意左右前後橫斜曲直皆有義理

因即其圖各爲總論庶幾學者易覽耳淳熙中

陳應行苦此書建陽書肆本脫畧不可讀邵武

本縣詞多闕從文正公曾孫得家藏槧本附以

張氏發微論校刊之洵稱完善矣

邵子皇極經世行數前集五十五卷

此書世罕其傳儒者雖究心終身亦難得其端

緒非有師承不可強為之解也

邵子皇極經世觀物篇解六十二卷

楚東祝泌述後附皇極數起例一冊斷訣一冊

聲音韵譜二冊泌字子堅淳祐間提領所幹辦

公事官守之餘惟明康節之旨輯成此書真偉

識援俗士也憶已丑春抄侍牧翁于燕譽堂適

見撿閱此冊余從旁竊視動目駭心嘆為奇絕

絳雲一燼後牧翁所存書悉舉以相贈此本亦

隨之來今歲僑居也是園檢點縹囊緗帙藏森

快然堂偶繙及此書追理前塵杳如宿劫日月

易邁屈指巳三十七年矣棲遲衡泌為草茅賤

士有負公書斯文囑累之意每為淒然泣下然

京洛風塵緇衣欲化擾擾于肩摩轂擊中者我

勞如何余獨擁此殘編壹簡展卷自娛借之以

送餘年耗暮齒其樂不減君山又不可不謂斯

世之幸人也

擊視陰符一卷

六

此邵子皇極經世之學也上爲上卷下爲下卷

各有序原展卷葐蒀不敢強不知以爲知徧訪

藏書家罕有畜之者人間唯此本耳

家山圖書一卷

家山圖書晦菴私淑子弟之文益逸書也李晦

顯翁得之于劉世常平父劉得之于嘗齋許文

正公其書以易中庸古大學古小學參列于圖

而于脩身之指歸綱領條分極詳此本惜不多

覯道學家宜刊布之以廣其傳

公是先生極沒要繫一卷

即劉甫弟子記也于時人或書名或稱字葢以

微旨別其人之賢否耳

河上公注老子一卷

開元七年劉子玄上議今之所註老子是河上

公其序云漢文帝時人結茅菴于河曲因以為

號以所注老子授文帝因冲空上天不經之部

言流俗之虛語漢書藝文志注老子者有三家

河上所釋無聞焉為請黜河上公升王弼所注司

二三九

馬微云漢史實無其人然所注以養神為宗以

無為為體請諸河王二注俱行當時卓識之士辦

析之如此惜乎輔嗣注不傳而獨傳此何耶

嚴君平道德指歸論七卷至十三卷

谷神子序云道德指歸論陳隋之際已溪其半

今所存者止論德篇近代嘉興刻本列卷一之

六與序文大相逕庭其中闕落者尤多牧翁從

錢功甫得其乃翁叔寶鈔本自七卷訖十三卷

前有總序後有人之飢也至信言不美四章與

總序相合焦弱侯輯老氏翼亦未見此本真秘

書也辛丑除夕公于亂帙中檢得題其後而歸

之余來札云此夕將此殘書商確良可一胡盧

嗟嗟公之傾倒于蘚至矣惄予湮厄無聞爲里

中所賤簡未能副公仲宣之托撫今念昔回首

泫然抱此殘編徒深侯芭之痛而已

白玉蟾道德寶章一卷

序稱趙孟頫愛其言不類諸家手書以傳子觀

所注皆脩煉之言存于道家可耳

八

郭象注莊子十卷

晉書郭象傳竊向秀解莊子爲巳注乃自注秋

水至樂二篇又易馬蹄一篇其餘點定文句而

巳子覽陸氏釋文引向注者非一處疑秀尚有

別本行世時代遠遠傳聞異詞晉書云恐未

必信然也

成玄英疏莊子二十卷

南京觧元唐寅藏書北宋槧本之佳極者通考

云三十三卷子按端臨經籍志每因篇帖浩繁

無暇取原書覆校卷數大都牴牾學者當原之

莫謂其不足援據也

徐靈府注文子十二卷

辛姸亦號計然文子其字葵丘矚上人老子弟

子范蠡嘗師事之著書十二篇天寶中稱通玄

真經默希子注爲之序默希子唐徐靈府自號

也子彙二吳中舊刻僅十餘葉近得默希子始

覩其全不知何故不照原書翻刻又盡削靈府

之註殊所不解此是太原祝氏依宋板摹寫者

亦希有之本也

關尹子闡玄三卷

關喜著書九篇始字終藥以九字為一書之綱
領凡一百七十章其曰闡玄者杜道堅述其微
意也道堅元成宗時人注成于大德年間卷首
有篇目衍義一通述九字相承次之意倣邪卿
孟子篇序例為之一覽者母忽焉

玄真子外篇三卷

張叔和唐肅宗時人自稱煙波釣徒亦號玄真

子著書名為外篇應有內篇失傳于世此與鄧
析子同冊俱是元人手抄本不知與新本有異
同否

墨子十五卷

潛溪諸子辨云墨子三卷戰國時宋大夫墨翟
撰上卷七篇號曰經中卷下卷六篇號曰論共
十三篇考之漢志七十一篇館閣書目則六十
一篇巳亡節用節葬明鬼非樂非儒等九篇今
書則又亡多矣潛溪之言如此子藏弘治巳未

舊抄本卷篇之數恰與其言合又藏會稽鈕氏

世學樓本共十五卷七十一篇內亡七節用等九

篇蓋所謂館閣書目本或即此歟潛溪博覽典

籍其辨訂不肯聊且命筆而止題為三卷豈猶

未見完本歟抑此書兩行于世而未及是正歟

姑識此以詢藏書家

陶弘景注鬼谷子三卷

鬼谷子無鄉里俗姓名字戰國時隱居潁川陽

城之鬼谷故以為號其轉丸胠篋二篇今亡貞

白曰或云即本經中經是也

淮南子鴻烈解二十一卷

淮南子善本極少此從宋刻影摹者流俗刊作

二十卷踳駁尤甚讀者宜辨之

高誘注戰國策三十三卷

吳澄東西周辨曰周三十六王前十有二王都

鎬京中十有三王都王城王城對鎬京則鎬京

在西而王城在東甚東西之相望也遠挛十王

都成周赧王都王城王城對成周則成周在東

十二

而王城在西其東西之相距也近一王城也昔

以東周稱今以西周稱夫周未東西之分因武

惠二公各居一都而各王則或東或西之名繋

于公不繋于王也邵子經世書紀叛王為西周

君與東周惠公並而西周公無聞焉則直以西

為王東為公矣知東之有公而不知西之亦有

公也知王之在西而不知叛以前之王固在東

也戰國策編題首東周次西周豈無意哉近有

繢澐鮑彪注謂西周正統而不應後于東周升

之為首卷于西著王世次于東著公世次盖因

邵子而誤者嗟乎文正一代大儒其辨援據詳

洽間學淵源惜高謗注亡來已以舉世夢夢無

從是正鮑氏之訛予初購此書于絳雲樓乃剡

川姚宏校定宋槧本得之如獲拱璧即以傳示

同人共相繕寫然非草廬之辨互為証明學人

是今非古焉知鮑注淆亂如此予故備著文正

之言以俟好古敏以求之者

鮑彪註戰國策第十卷

鮑彪注此書四易稾乃成其用心可謂甚勤矣
而開卷之端不免謬誤反譏高氏注為踈畧何
也

雜家

世說新語三卷

宋刻世說新語劉辰翁批點刊行元板分為八
卷間嘗論之晉人崇尚清談臨川王變史家為
說家撮畧一代人物于清言之中使千載而下
如聞謦欬如覩鬚眉孔平仲依倣而為續世說

此直東家之顰矣又嘗論之說詩至嚴滄浪而

詩亡論文至劉頖溪而文喪此書經頖溪淆亂

卷帙妄為批點殆將喪斯文之一端也歟

趙璘因話錄六卷

卷分宮商角徵羽宮為君朝廷及宮闈事入之

商為臣王公至有秩以上入之角為民不仕者

入之徵為事不為其人其物而繫說者入之羽

為物瓆襍不專其人其事者入之璘為水部員

外郎紀載玄宗至宣宗時事甚核

李上交近事會元五卷

上交退寓鍾陵尋近史及小說雜記之類凡五

百事擷為五卷目曰近事會元唐史所失記者

此多載焉

陶穀清異錄四卷補遺一卷

至正二十五年華亭孫道明借果育齋本手錄

二十六年又得清常靜齋藏本讎校正訛易舛

不下三四百字後補足衣裳藝畟神妖四類及天

類一則魚類三則始為全書矣

茅亭客話十卷

江夏黃休復集多紀西蜀事元祐癸酉西平清

直子石京爲後序募工鏤版以廣其傳此則太

廟前尹家書籍舖行本也

邵氏聞見錄二十卷

伯溫爲童子時侍康節先生得盡閱天下士垂

老著其所聞見于篇其子博爲次第之以傳于

世

邵氏聞見後錄二十卷

余既繕寫伯溫聞見錄又購得邵博後錄舊鈔

本曾經前輩勘對爲誤惜乎前書無善本一校

爲憾耳

默記一本

默記爲王銍性之撰其所載事多耳目未及如

玄宗腦骨爲玉髑髏及肅宗之死如武乙僅見

此書此從舊本錄出較世行類書中刻者多大

半非舊勘莫知也

冷齋夜話十卷

釋慧洪覺範集此書大都一時人之詩話爲多

雷轟薦福碑事見第七卷中洪本筠州高安人

韓子蒼作寂音尊者塔銘即其人也

捫虱新話十五卷

捫虱新話吾家所藏有二一是宋鈔本不分卷

帙末有羅源陳善子謙跋云丙寅歲余由海道

將抵行在所遇颶風舡壞盡失平日所業文字

既而于知友處得所著捫虱新話因加刊削得

一百則時紹興巳巳正月二十一日也此本墨

敝紙渝古香馣馥或者疑為子熹藁草一是影

摹宋刻本標題云朝溪先生捫虱新話釐為十

五卷不列子兼名氏并脫跋語二者未知孰為

定本姑兩存之以備參考可耳

文瑩玉壺野史十卷

沙門文瑩玉壺隱居之筆成于元豐戊子秬官

家罕見刻此書是本行間脫誤字牧翁一一補

錄完蓋居榮木樓時手校本也

成化間尹直等奉勅編纂宋元通鑑辨宋太祖

太宗傳禪之誤蓋自李燾刪潤湘山野錄啟之

并載野錄謂太祖太宗對燭影不時見太宗有

不可勝之狀而燾改不可勝爲遜避太祖戳地

好爲之又加大聲二字遂不免有畫蛇添足之

病今撿此書在續錄上卷字句恰好符合知蹇

齋所見者亦宋刻也

碧雞漫志五卷

王灼晦叔客寄成都碧雞坊之妙勝院追記詞

曲所由起作為此詩子暇日輯詞目一卷自十

六字至二百四十字止調凡八百餘沿波討源

自謂差勝于花草粹編等書惜于詞學失傳未

由考調之何自而名視此書有餘愧耳

歲日與公羊同而月復與穀梁異杜預王司馬

以注左傳司馬貞主公穀以證史記馮去疾造

為調人之言以曆法積之謂之三者皆非誤潛

溪曰公穀為傳經之家當有講師以次相授且

去孔子時甚近其言必有依據司馬遷雖良史

後於公穀孔子所生之年當從公羊穀梁氏然

以春秋長曆考之二十一年巳酉十一月無庚

子庚子乃在十月之二十一日孔子所生月當

從穀梁氏其卒之時左氏云曾長公十六年夏

四月巳丑孔子卒司馬遷遵之諸儒又從而遵
之孔子所卒之年當從左氏然十六年乃壬戌
歲是歲四月戊申朔有乙丑而無巳丑巳與乙
文相近故誤書也潛溪一代醇儒學識度越前
人故其辨精鑒如此今觀子蓉所記孔子生年
云五行書謂孔子生庚戌乃嘗襄二十二年周
靈王二十一年與公穀年月俱差信五行書固
不若信公穀又云杜預長曆當襄二十一年庚
戌歲十一月無庚子左傳書孔子壬戌夏四月

巳丑卒四月無巳丑有乙丑然孔子氏譜祖庭

廣記俱云魯襄二十二年十月二十七日庚子

孔子生與公羊穀梁五行書俱差不知又何所

本子蓋之討論亦以公穀左氏為歸其皆適與

潛溪合余故撮畧其言俾通人參互觀之知儒

生立千載下據先正遺文訂諸家之牴牾展卷

曉然得考見聖人之生卒歲月一何其幸與方

山吳岫題此書云考據精論斷審即此一則觀

之可概其餘矣

能改齋漫錄十八卷

　端臨經籍志云漫錄十三卷太常寺主簿臨川
　吳曾虎臣撰其卷數與此刺謬何耶

鐵圍山叢談六卷

　蔡絛鐵圍山叢談類書中刊行者止十之二此
　則嘉靖庚戌雁里草堂舊寫本也

未弁曲洧舊聞十卷

　少張拘留北庭甚久紹興癸夾南歸秦檜惡其
　直言奏以初補官易當教即直秘閣而卒讀此

為之扼腕浩歎

張端義貴耳三集三卷

三集載道君北狩金人凡有賜賚必索一謝表

勒成一帙刊諸榷塲中博易更有李師師小傳

同行于時不知南渡君臣覽之何以為情吁可

哀也

徐度却掃編三卷

是冊原書為王百穀家藏宋刻後歸牧翁亦付

之絳雲一爐中矣存此摹本猶有中郎虎賁之

想度字仲立紹興吏部侍郎不能苟合于時讀

書卞山之陽紀其平日聞見時方杜門却掃即

以名其編云

張世南游宦紀聞十卷

影宋本舊鈔乃停雲館藏書有衡山先生圖記

別一本爲秦酉巖手錄行草絕佳宜爲當時之

所重也

玉照新志五卷

王明清得一玉照于永嘉鮑子正又獲米南宮

書玉照二字揭之寓舍因名其所著書曰玉照

新志李元叔長民上廣沐都賦于裕陵由此進

用其全篇備載于此他書未之見也

學齋佔畢四卷

唐末進士張曙宴巴州郡樓坐中作擊甌賦極

精工樓以此顯名後人遂命之曰擊甌而此賦

獨不傳英華文粹俱失載今全錄于此警句如

董雙成青璅鸞飢啄開蛛網穆天子紅韁馬解

踏破瓊田非唐後人所能道曙又有雩郊賦叙

長安亂離亦哀江南悲甘陵之此今不可得見

矣郭困曰學蔡先生學紫陽者紫陽之誨人曰

學問思辨四者皆所以窮理先生此書益庶幾

近之矣

張舜民畫墁錄一卷

己卯立夏日錄完隨後一過新刻顛倒譌謬不

足存也

雲煙過眼錄一卷

周公謹雲煙過眼錄隆慶三年秋八月周日東

二五六

從至正廿年夏顧手抄本重書一過字畫端楷

且與居士錢叔寶諸公友善共相摹寫淪一名

士也錄云焦達卿有吳彩鸞書切韵一卷其書

一先爲二十三先二十四仙相傳彩鸞所書韵

散落人間者甚多余從延陵李氏曾覩其真蹟

一先仍作一先與達卿所藏者異逐葉翻看展

轉至末仍合爲一卷張邦基墨莊漫錄云旋風

葉者即此直曠代之奇寶因悟古人玉燕金題

之義唐六典所以有熟紙裝潢匠之別也自北

廣書跋⋯⋯雜家　　三十

宋刊本書行世而裝潢之技絕矣余幸遇此卷

得觀唐時卷帙舊觀今李氏零替此卷歸之不

知何人世無有賞鑒其裝潢者惜哉

硯北雜志一卷

此書籤題云陸定之輯谷陽繕寫柘湖手校宅

之名友元統元年索居吳下追錄所欲言者取

叚柯古之語名曰硯北雜志明年書成而序于

卷終谷陽不知何人筆法著勁遒爲名家柘湖

則柯柘湖也卷首有檇李項藥師圖記項氏曾

刊行是書此乃其原本耳

自號錄一卷

錢塘徐光浦輯宋時名公鉅卿騷人墨客之號

襄爲一卷淳祐丁未其友譚友聞爲序至正壬

寅華亭孫道明手鈔于泗北村居之映雪齋時

年六十有六子見道明所鈔書不下數十種皆

在崦嵫景迫之年老而好學直秉燭之明也

朱翌猗覺寮雜記二卷

洪邁序云右上下兩卷凡四百三十五則故紫

偃齋示兒編一卷

云一卷謬矣

微舍人桐鄉朱先生所記也黃俞邰徵刻書目

潘方凱得是書于金陵焦氏請李本寧為之序

而刊行之所以嘉惠後學甚盛心也間以此本

讎勘字說云書盤庚翼奉傳作般庚後闕文六

條而潘刻聯去薰之行欵差殊不循舊格深可

惋惜李昭辨伊尹放太甲于桐放當作教古隸

字相近後從而譌耳潛溪稱其言為有識句曲

外史張天雨取此說書于伊尹古像之後豈非

知言者哉

農家

賈思勰齊民要術十卷

嘉靖甲申刻此書于湖湘惜乎注中刪落頗多

如首卷簡端周書曰神農之時天雨粟云云原

係細書夾注竟刊作大字等類文注混淆殊可

笑也

王氏農書十卷

讀書文彙記卷三 農家 三三

農桑通訣六農器圖譜二十穀譜十總名曰農

書元豐城縣尹東魯王禎撰所載牛耕蠶事起

本及譜圖之類詳而有法民事不可緩其學識

定乎平日非聊爾成書者也

農桑輯要七卷

延祐元年皇帝聖旨裏造農桑冊子字樣不好

教真謹大字書寫開本盖元朝以此書爲勸民

要務故鄭重不苟如此序後資行結銜皆江浙

等處行中書省事官則知是板刊于江南當日

流布必廣今所行唯小字本而此刻絕不多見

何耶

便民圖纂十六卷

便民圖纂不知何人所輯鏤板于弘治壬戌之

歲首列農務女紅圖二卷凡有便于民者莫不

具列為人上者齒風圖等觀可也

兵家

玄女六甲陰符經八卷

前有趙普經進表二百得之羅浮隱士劉旱余不

敢以為信然然猶是宋元時舊鈔本或亦昔人

假托而為之非今人詐偽也

握機經傳六卷

握機經傳流俗本止刊首卷餘五卷刻其目而

無書是冊乃方山吳岫從王子家鈔出洵為秘

本覽者勿漫視之

風角鳥占經一卷

風聲鳥聲為玉女所述角聲為黃帝所述此是

宋鈔人家見者絕少宜錄副本藏之

風角書四卷

古風角書乃樂產本李淳風刪其繁亂著之下
占馬承動謂陰陽五行所主亦有不同因細詳
之而為之集類焉

神機制敵太白經一卷

遙山路雄纂共三十四篇

神機制敵太白陰經十卷

此書詳整有法篇次精允軍家之要典也卷末
六行云秘閣楷書臣羅士良寫御書祗候臣錢

承顗勘入內黃門臣張永和朱允中監入內內
侍高班內品臣譚元吉趙誠信監疑是宋朝內
府鈔本識者辨之)

九賢秘典一卷

秘典云九者太公軍鏡要術鬼谷子風雲氣候

章孫武子行軍氣色雜占吳起軍錄雜占張子

房行軍災異錄武矦行軍風候歌哀天罡占風

雨訣崔浩氣色李靖行兵術要共纂成一書也

景德二年許洞表上其書前又有許洗爲之序

白猿經一卷

　此僞書也不必存之

神機武畧望江南一卷

　諸占以望江南詞調之取其易于省記也相傳

　黃石公以授張良者未知留侯時已有此詞此

　調否

天文軍鏡九宮行營一卷

　九宮行營章貢曾朝類編凡軍行雜占莫不詳

　讀書攷卷三兵家
　　　　三五

載焉

城書一卷

守城事宜散見諸書中此八章條約詳明繪圖
以便覽者宜與守筌並存之

火器大全一卷

古無所謂火攻也肇自即墨之牛始其後兵法
著火攻五亦止火人火積火輜火庫火隊而已
芻膏少屬未二器也有器必有械大全之所以
獨善于近代其神奇為不可測歟此未知撰自

何人稱李承勛朱騰耀趙士楨皆負笈其門隨

才授藝夫三子骨騰肉飛聲施當世而其師之

氏名余竟無從考得之徒撫殘編惜其苦志未

申亦可以觀世矣

火龍萬勝神藥圖一卷

首列二十八草應二十八宿和以諸毒藥煉為

神砂神烟神水以制敵奇兵哉必有所試而云

然非徒楮上浮談也繼列火攻諸藥品升水戰

神器專聞外者宜覓此書珍秘也

少陵棍法三卷

茅元儀採之刻入武備志中凡從葉本繕寫者

或謂圖訣俱是鎗法程冲斗云干打不如一剳

故少陵三分棍法七分鎗法兼鎗帶棍此得于

棍法少深者也

白打要譜六卷

今盛傳宋太祖長拳三十二勢溫家七十二行

拳三十六合瑣二十四棄探馬八閃番十二短

以至綿張之短打各擅所長表表著名于世顧

川汪伯言集諸家之應變備成要訣與少陵擬

楊氏鈐並藝稱獨絕矣

天文

靈臺秘苑十二卷

此係宋朝勑進之書編修官臣于大吉臣丁洵
同看詳官臣歐陽發看詳官臣王安禮其考校
頗精確非聊爾成書也

乾象通鑑一百卷

序云臣李言據經集諸家之善考古今已驗之

變後以景祐海上秘法參列而次第之著爲成

書不違萬里赴行往獻之臣李不知誰何其稱

獻之行在應是宋高宗時人援引該洽凡天之

所示時之所變鑑古驗今無一不在其用心可

謂專勤矣宜珍而秘之

乾坤寶典十二卷

　　脉望館錄本清常道人校過

璇璣類聚六卷

古之言天者八家一曰渾天張衡靈憲是也二

曰宣夜絕無師學三曰蓋天周髀所載四曰軒

天姚信所說五曰窮天虞聳所擬六曰安天虞

喜所述七曰方天王充所論八曰四天祅胡寓

言李淳風取渾天近理特載靈臺于乙巳占之

首此獨宗淳風說採取諸家之異同考古今之

占驗斷以渾天爲主今人紊亂列宿刊削四餘

殆狂而比于背矣視此能不滋愧乎

璣衡秘要四卷

首載婁景賣日月于漢家鄙俚可笑委巷之談

賣書文□卷□□天文　　一九

二七三

而取之何也

大元玉曆森羅記十二卷

此是牧翁早年手錄凡疑誤字標題于上暮年
則筆力老蒼字法俱樞東坡與此截然兩手公
悉以前後詩文藁付余故余認之最真他人則
不復知誰氏所書矣

天文機要鬼料竅十卷

術家秘步天歌爲鬼料竅此書前半詳解丹元
子之說後則兼採衆論附列諸圖而終以汪默

渾天注疏張孝宗渾象圖說非天官家膚學者

所能企及也

天文主管釋義三卷

李泰依丹元子步天歌分布垣舍之星爲主復

以漢唐宋天文志觀象立儀之意爲法王注欵

勒成此書萬曆戊子清常校記

天文占書類要四卷

李淳風撰岳熙載注繕寫古雅鈔本中之佳者

也

天文玉曆旋璣經七卷

陳汎跋云此本為吾家先世舊物丹陽孫仲穎

得錄本于江右陶孔啓有魚會之憾余取而讎

勘之兩為善本矣

天文異暑四卷

此亦玩占書也有後序不知何人撰

十一曜躔度一卷

十一曜者日月五星四餘氣也積久歲差斜絡

二十八宿之間皆其經歷之道故躔與度交

次增減而成二十四氣首列九九行薄食并五

星遲留伏逆之圖旋轉而觀更一奇也

梁令瓚五星二十八宿神形圖一卷

前結銜云奉義郎守隴川別駕集賢院待制仍

大臣梁令瓚相傳此册從唐本繪畫余購良工

以五彩臨摹不爽毫髮亦書庫中之奇物偶閱

方于魯墨譜見其圖列宿四與此像適合知于

嘗之考核亦精一技所以成名也

二十八宿形圖一卷

二十八宿朝為本形暮變互為他物不知從

何考定圖後注解軍占用之

永樂元年月五星凌犯錄

內府鈔本總計三百六十五次相犯二百一十

三次入宿四十八次不相犯二百四次存之備

明史天官家採錄可也

乾坤變異錄四卷

李淳風收覽古今變異事勒成三十六篇蘆為

四卷序而傳之

乾象圖說一卷

山陰王應遴輯是圖首渾天七衡九重而天漢

晷影以至正中偏向並窺天之事也次日月行

度躔差而朔望盈虛以至交食見食並步推二

曜之事也次中星五緯行道而星宿合犯以至

分野招差勾股並測算經緯之事也計圖三十

圖之先名為一說使談天者解說以証圖據圖

以觀天不屬之渺茫影響亦可謂知天之深者

矣

渾蓋通憲圖說二卷

李之藻受西法于歐邏巴人以蓋佐渾故名通

憲圖說于非賢史焉知天道觀此唯有口呋舌

橋而巳

神道大編象宗圖學一卷

自周秦至元明共三十六圖閩人趙淳卿篆于

卷首披視之有仰觀俯察之感

五行

譙子五行五卷

譙子不知何時人五行各以類次注解甚明此

等書惜不多傳于世爲恨

五行類事占七卷

宋司天臺張正之輯其言簡其事覈正之嘗著

祛惑鈐爲史丞相所賞今不可得而覓矣

禮緯含文嘉三卷

分天鏡地鏡人鏡爲三篇紹興辛巳張師禹跋

原書亡來巳久此姑存之可也

黃帝龍首經一卷

龍首經雜占諸吉凶置且黃帝受之于玄女帝將
上天台三子口授之三子拜趾龍忽騰鳶止見
其首因以名其經云

乙巳占十卷

李淳風集其所記以類相聚編而次之始自天
象終于風氣凡為十卷賜名乙巳蓋以起算上
元乙巳故耳序文博贍整雅非唐後人所能及

乙巳略例十五卷

乙巳署例藏本有二一為清常道人手校一是

舊鈔後俱附占例

黃石公潤經一卷

視一身之動靜爲吉凶凡七十二條君子不以

卜占小伎而忽之亦省身之一助也

六壬

六壬畢法一卷

黃帝受式法于玄女戰勝蚩尤遵式立文傳經

于後世久淆譌淺注穿鑿遂致失其妙理徐道

符擬經作歌名爲心鏡假例占以證經遺規永

1. 火建炎中邵彥和復能發揮素蘊究入幽微著
2. 書曰口鑒寶慶改元凌福之用彥和法作七言
3. 百句注釋之以成此書夫六壬之義謂天一生
4. 水壬水建祿于亥夾乃乾天之位數六屬金金
5. 生水故名六壬余今備述諸書他日就正有道
6. 庶不至實行摘埴耳
7. 壬課纂義十二卷
8. 六壬之課有七百二十得其名六十四摠其約
9. 唯宗首九課而已考之占法分門釋例則又無

火建炎中邵彥和復能發揮素蘊究入幽微著

書曰口鑒寶慶改元凌福之用彥和法作七言

百句注釋之以成此書夫六壬之義謂天一生

水壬水建祿于亥夾乃乾天之位數六屬金金

生水故名六壬余今備述諸書他日就正有道

庶不至實行摘埴耳

壬課纂義十二卷

六壬之課有七百二十得其名六十四摠其約

唯宗首九課而已考之占法分門釋例則又無

所不該也夷山老叟得其傳于無偽子撮課書

之要于日用者勒成十二冊卷帙繁重繕寫難

難世之得親此者或尠矣

六壬節要直講二卷

雲中衲衣子楊瓆惜六壬書浩瀚紛紜因搜羅

眾說去偽存真節其要篇分二十四分俾高明

之士鑒而正之

六壬易鑑鈐一卷

序云李公考楊太史之餘文補過直子之不及

削除訛舛添注幽奇明排釋例于前篇細局課

鈐于後集俾學者得觀禍福焉

六壬開雲觀月經一卷

始以元首終以五福卦共六十五篇此書與所

藏碎金集神樞經秘訣俱不著撰人總鬻六壬

中之一種耳

六壬金匱玉瓚全書一卷

此書分例八宗原一青深一凶否一中平一吉

泰一凶一凶卦反吉吉卦反凶名一茅山沖和

六壬神機游都曾都法一卷

子撰郭天進註

此兵家捉將擒賊法游都為盜賊之所主曾都

是寇兵之所居主者根也居者往也孫武子集

此以傳後世之有大將才者

六壬辯神推將集一卷

辨神者凡用十二神看其所臨相生相尅若上

尅下只取上位神言之下尅上取地盤言之若

上下相生比取天盤言之推將者以月將加正

二八七

時將先用前五次後三其書絕佳明辨俱在注

中

六壬兵帳賦一卷

臨戎占式以四時識神之雌雄是或一道也

壬式兵詮一卷

前列白文後著解義皆軍占也

大定新編四卷

大定者以年月日時錯綜布算成十百十零加

入奇偶數而分元會運世元符元月符會日符

運時符世看上下生尅何如以定其吉凶此書
之大凡也

大定新編便覽二卷

野崖楊向春輯謂理者太虛之寔義數者大虛
之定分未形之初因理而有數因數而有象既
形之後因象以推數因數以推理故看數之法
于卦數上下縱橫反覆推究體用生旺刑尅探
其玄奥則貴賤吉凶暸然如指之掌矣

大定續編纂要一卷

續編專論格局定之以理與時亦野壑復元子
所輯也

神女清華經一卷

玉清圓編次凡五十四篇

太乙

太乙統宗寶鑑二十卷

吾家藏舊鈔統宗寶鑑有二前俱有大德癸卯

曉山老人序其一後附起例直數淘金歌三書

各一卷其一後附數林籌數專征集奪神機三

鏡四書各一卷

太乙星書二卷

高李迪跋云此書□□所罕傳爲元李星學第一

趙仲光手書更不易得世傳又敏仲穆書不少

而仲光不多見前後小印傳謂元世祖鈐縫小

璽亦無所据是本是洪武年間影鈔仲光手錄

本并附李迪跋于後

奇門

宋仁宗御製序云遁甲之旨出于河圖黃帝之

世命風后劉名始立陰陽二遁共一千八十局

迨周公約七十二留癸佐漢議一十八局朕萬

機在念法神道而設教因取其書命太子洗馬

兼司天春官正權同判監楊惟德春官副王用

立翰林官李自正何湛等于資善堂擇集又命

內侍省東頭供奉官管勾御藥院任成亮鄧保

信皇甫繼和周惟德總其工程尢事數月成書

三卷命曰景祐遁甲符應經

金瓺遁甲二卷

此書大有裨于兵家惜無善本校其譌耳

遁甲奇門星起法一卷

陽遁九局陰遁九局中又分上中下三局是內

府舊鈔本人間希有之書也

新式遁甲天書一卷

首列新式奇門圖終列海運第一舩之圖註云

非止漕運係京邊命脉正欲解此以援北世無

沉謀逺視為迂着竊恐運河梗塞東南輸輓終

貴臣文又巳卷三奇門　　三九

二九三

非我有耳昔勝國初用朱清張瑄議建海漕終

元之世賴之此書及焉誠哉卓識之士也

厤法

新儀象法要三卷

前列蘇頌進儀象狀卷終二行云乾道壬辰九

月九日吳興施元之刻本于三衢坐嘯齋此從

宋刻影摹者圖樣界畫不爽毫髮凡數月而後

成楮墨精妙絕倫又不數宋本矣

小笭

陸森玉靈聚義五卷

此書泰定巳丑翰林待制趙孟頫序于簡端平

江路陰陽教授駱天祐校正天曆二年申奏總

管府指揮鋟梓行當時校刻流傳殊非草草勿

以其卜筮之書而忽余別藏竹隱老人邵平軒

玉靈照膽經一卷陳大經玉靈聚義二卷埜菴

先生龜經二卷皆係舊鈔流俗寧有其本筮短

龜長備少書庫中可耳

龜經秘訣一卷

篇數止十圖簡而久是宋末時槧本

星命

註解珞琭子三命消息賦二卷

李獻臣云珞琭者取珞珞如玉琭琭如石之義

推人生休咎否泰之法此注解者王廷光李同

釋曇瑩徐子平四家也宣和五年廷光表進之

經籍考有珞琭子跣五卷晁氏曰皇朝李全東

方明撰未知全與全爲兩人乎抑亦一人而誤

其名歟

經世祝氏鈐一卷

二十年前嘉禾陳獻可過予草堂訪求遺書見

經世祝氏鈐而有感焉曰我行四方留心籍氏

头矣無從搜此書不意垂老得之展玩終日似

有會于心惜乎卒卒別去未及請正之爲恨耳

予今觀其說以元會運世推算年月日辰四象

運行八卦變化總是先天象數之機要古人于

星命之學亦必窮年盡氣以求精一藝豈予淺

夫所能窺其闖奥聊記故交之言以志予之慨

賣菁文文巳卷二星命　　罕二

演禽龍眠感化直經一卷

　耳

或云李伯時編朝列大夫張浩註龍眠舒城人

登進士第官至朝奉郎作畫有晉宋風格繪事

集顧陸張吳及前世名手所善以爲已有宋畫

中第一未聞其留心祿命姑識此以詢博識者

圖註解千里馬三命三卷

宋徐子平得軒轅奧旨遺文七十二卷注釋流

傳徐大升嫌其篇卷浩大尋其提徑類成編次

神谷子又取其定真論喜忌篇繼喜篇增注之

刊行于世神谷子失其氏名序于天曆年間盖

元文宋時人也

三辰通載三十四卷

通考二錢如壁撰集此是南宋槧本有南京解

元唐寅郎記並題字知爲伯虎所藏也

五行精紀三十二卷

此書鈔寫精妙又經舊人勘對過洵爲善本無

疑所引書五十一種余所有者惟珞琭子他則

俱未之見撫書自慚何敢與收藏家相埒乎

相法

許負相法一卷

相法十六篇言簡而旨明為古今相書之祖前
代若姑布子卿唐舉呂公許負管輅袁天罡輩
流曠世間世有其術非有得于皐傳安能明察
幾微若是乎

焉廋集一卷

平度李蠻著上卷論神形氣色周身之相下卷

總括歌賦及飛走四十九條其詞亦詳而辨矣

麻衣石室神異賦一卷

陳希夷師麻衣學相戒以深冬擁爐而教如期

往引至華山石室中傳此又名金鎖賦別有銀

匙歌授希夷今絕傳

宋齊丘玉管照神十卷

上局所論皆人之體貌有形可見故謂之陽局

下局所論皆出形之外無像可觀故謂之陰局

齊丘之大旨盡于此矣

五行生尅羊鑑十卷

呂廷玉云十鑑一書或二紫府眞人所著傳于

道叟孫復陽然散逸無主先生又爲添序補其

缺遺始稱完備余觀其書頗寓勸戒之意使人

知吉凶趨避之因誠有道者之言也

相字心易一卷

相字成于宋之謝石然秦頭太重壓日無光之

對不可以其伎術之士也而小之余觀此法前

古未聞殆射覆之遺意歟

宅經

宅經二卷

隨宅大小中院分四面又分十干十二支乾艮

坤巽作二十四路考尋宅之休咎無出于此矣

葬書

鄭謐釋注郭璞葬書一卷

葬書世鮮善本流俗所傳二十篇皆後人增益

建安蔡李通去其十二內外各分篇四其雜篇

二首俗本散入正書中更爲釐定敘次井然矣

玄嘿生鄭彥淵得此書于劉庾幾二傳之于杜

待制繼又得王邦昌手録孫院刊本標題下書

江東家藏善本七字二者俱有吳草廬題跋而

孫本尤為精密因加訂定從而釋之凡經曰云

云皆引青鳥經中語也彥淵又著太極圖集義

窮神等書許存仁序而行者余不得見之矣

楊筠松撼龍經一卷

阿耨達池之水自香山南大雪北流為中國之

河源與地絡相會並行而地師莫之知也天下

山河之象又存乎兩戒北戒自三危積石負終
南地絡之陰乃至東徇塞垣抵濊貊朝鮮是謂
北紀南戒自岷山嶓冢負地絡之陽乃至東徇
嶺徼達東甌閩中是謂南紀范茫堪輿天地
之當明者盡于此矣筮松獨能曉暢其說仰觀
俯視千古來無有目空宇宙如其人者龍而曰
撼神矣哉有何首尾之可見乎遇其意于地理
之外可也

賴布衣催官賦一卷

是書堪輿家咸知之惜無善本校閱獨此未改

舊觀龍沙水穴條踈明白其繕寫古雅非今人

之筆也

廖瑀葬法心印一卷

經云穴吉葬凶與棄屍同葬法之宜講也明矣

金精山人謂地之直偽在于龍地之消息在于

葬精心研究而著是書于葬法頗造三昧雲外

老人傳旭序而傳之子姪可謂寶愛之至矣後

附玄女分金集一卷亦人間希有本子勿漫視

賣書文衣巳卷三 葵書　罒六

俗末由見之下三卷赤松子譯以隸文傳世盖

述地理四龍陰陽之法希夷爲之序

青囊正源赤松經一卷

函雅堂藏舊鈔本前有賴大素序文

玉髓直經三十卷

分爲十册甲二乙一丙一丁三戊一巳一庚三

辛六壬二癸十共三十卷此書詳明博雅直地

理之指南也間以流俗刋本勘對牴牾脫落盡

失舊觀惜乎不可是正始知原書之貴重如此

堪輿賦一卷

錄于正德年間不著撰人氏名惜無別本勘其

偽字耳

堪輿纂要三卷

聚狐首古經青烏先生葬經管氏指蒙三書爲

一帙全載其文而謂之纂要者益以堪輿家著

述甚富未能備錄止集此三種以爲陰陽書之

祖非纂其語句而畧之也

地理發微論集註一卷

牧堂蔡發神與著發微十六論以感應篇終之

談地理而揆諸天道使人子無倖心焉其用意

良厚矣燕翼貽謀古人垂裕後昆者唯是事脩

厥德初無陰陽吉凶之說清惑其志新安謝昌

注釋此書務期蔡親者一歸于正不墜星庸術星

卦之誤其得于牧堂者深君子勿以堪輿書等

視之可也

地理泄天機十二卷

述括陰陽諸家之說而總成其書別一部止六

大卷與此互異今兩存之

地理總括二卷

鄱陽羅珏撰集上卷爲陰龍下卷爲陽龍猶是

其彙本歟

陰陽正源五卷

八卦五行之說錯綜而變化之具有別解非予

能知也

太素心印一卷

四五

著論于穴之下少見特解婆人之書也

相山骨髓一卷

相山之術取骨肉皮氣爲四體復舉四十字總

其奧妙而窮之以五行相合之理穴法盡其中

矣

楊公六段機一卷

此又名金門玉鑰匙六段者一論後龍二論龍

虎三論朱雀四論水城五論明堂六論捍門其

辭明達洞暢非深心于此者弗能作也

魏成訣萬金葬法一卷

成訣宋時人採諸地師之論以成一家言備之

可也

吳景鸞鉗龍經一卷

審龍之貴賤在權將圖三百穴以別其直偽其

術詳秘訣中

騎龍穴法一卷

江村道人案騎龍穴法三十六倒騎龍穴法凡

十未有文字刻本撿王趙卿歌附錄之

龍穴明圖十一卷

谷一清編次元時刻本凡穴之形勢備于此矣

醫家

外臺祕要四十卷

朝散大夫守光祿卿直祕閣判登聞檢院上護

軍臣林億等上進熙寧二年五月二日准中書

劄子奉聖旨鏤板施行醫說云此書撰于唐王

珪經籍志云唐王燾撰則知林億等乃校刊上

進也

伊尹湯液仲景廣為大法一卷

伊尹湯液散見諸書醫家未覩其全仲景獨能
廣而行之古趙王好古復纂成此書又為仲景
之功臣矣

羅知悌心印紺珠一卷

知悌字子敬號太無先生集六散三九十六湯
以總持萬病意在康濟斯民其盛心也是冊繕
寫精楷乃名手所書宜珍秘之

潔古老人醫學啟源三卷

金易水張素元著潔古治病不用古方刻期見

效劉守真嘗病傷寒潔古診其脉而知其用藥

之差守真大服自是名滿天下是書採輯素問

五運六氣內經治要本草而成其門下高第李

明之請蘭泉張建士呂甫序于首卷

寶太師注標幽賦二卷

蘭江鏡潭王仁整集鈔寫樸陋墨敝紙渝惜無

善本是正之爲憾耳

陰乘陽黃帝內經始生考六卷

三二六

秉晹自號衛涯居人謂原病有式鍼炙有經醫

療有方診視有訣運氣則全書藥性則本草獨

始生之說所未及聞因詮次內經條疏圖列收

四時欽萬化以成章其用心亦良苦矣

忽先生金蘭循經取穴圖解一卷

忽先生名公泰字士甫元翰林集賢直學士中

順大夫是書與素問若合符節大德癸邜刊于

吳門圖長尺有四折而裝潢之他書未有也

內外二景圖一卷

政和八年朱肱取嘉祐中丁德用畫左右手足

并榮俞經合原及右藏用畫任督二脉十二經

疏注楊介畫心肺肝胆脾胃之系屬大小腸膀

胱之營疊較其訛舛補以鍼法名曰內外二景

圖此係舊鈔後以朱界其穴而標之未知有刊

丹溪手鏡二卷

此爲清常手校本序稱丹溪著醫書數帙皆行

于世此乃耄年所作故傳之獨秘獨遲未知清

常從何本是正其校書可謂專勤矣

滑伯仁證家樞要一卷

暇日讀朱右攖寧生傳采其治病奇中者表著

成編辭繁而不殺蓋謂世以人試術生以術活

人耳今閱其診家樞要知其于脉理微矣生嘗

聚諸家本草爲詩韻與是書同付板刊行惜余

讀書文□己录三醫家　至□

不得見爲惋惜者久之

戴元禮證治要訣十二卷

復蒙受文皇寵顧供奉之餘著爲此書正統八

年春朝鮮入海捕魚風飄至浙江官軍以爲倭

寇擒獲觧京收候飢寒困苦復蒙悉衣粮供贍

之卒使之寧歸其存心濟物如此是書惟以活

人爲念有功于醫道豈淺鮮哉吳文定公錄而

藏于叢書堂重其人并以重其書也

扁鵲指歸圖一卷

聽聲視色察病之端言句不能曉者圖以狀之

文義或繁多者記以歌之萬理盡歸一指故曰

指歸圖云

難經三卷

陸孟昆先生云難經從未見宋槧本予留心搜

訪僅購得此舊鈔字法俱撫松雪翁疑是元人

所書不識賞鑒家以為然否

杜光庭了證歌一卷

光庭謹傍難經各推了證歌為之以決生炁宋

高氏爲之注東越伍捷又爲之補注其于脉理

可謂研奧義于精微者矣

鄱陽寓劉烈之祖閭芳家授以太素脉訣烈恐

紫虛崔眞人四原論一卷

四原者原脉原病原証原治也予又藏紫虛脉
訣一卷句如掌求蓋欲初學醫者易知耳

玄珠密語十七卷

唐啓玄子王氷述其師密授之口語也氷云能
究其言見之天生可以延生見之天殺可以逃
殺百年間不逢志求之士遂書五本藏五岳深

洞中遇者可寶愛之氷之言如此余讀其書浩

瀚委曲莫得其津涯大槩直申素問六氣之隱

奧耳

產科備要八卷

長樂朱端章以所藏諸家產科經驗方編成八

卷淳熙甲辰歲剡校南康郡齋楮墨精好可愛

首列借地禁草禁水三法古人于產婦入月慎

重若此罕有行之者亦罕有知之者矣

王氏小兒形證方二卷

醫之科有十三惟小兒為啞科察色觀形最為

難治漢東王氏秘其方為家寶良有以也此書

刻于元貞新元序之者為古梅野逸不知何人

後附錄秘傳小兒方三十二及秫林牛黃鎮驚

錠子方皆庸醫所不知者宜珍視之

眼科提一卷

趙清常得此書于洪州李念襄李傳寫于道士

藍田玉藍幸于世廟名位顯隆旋以不循道庚

死此蓋錄內府秘藏本也

還睛秘論一卷

舊鈔本不著撰人詳論目病之所由起而續之
以治之之法深心于眼科者也

鍼灸

銅人鍼灸經七卷

銅人鍼灸經傳來已久而竇氏秘傳內有金津
玉液大小骨空八風八邪髁骨八法此書與明
堂灸經俱不載何耶

太師鍼灸一卷

實太師鍼炙傳于婺縣王鏡澤共計一百二十

八法錄于成化辛丑夏五月藏書家未見有此本也

西方子明堂炙經八卷

西方子不知何解昔黃帝問岐伯以人之經絡窮妙于血脉參變乎陰陽盡書其言藏于靈蘭之室泊雷公請問乃坐明堂以授之後世言明堂者以此今醫家記鍼炙之穴爲偶人點志其處名明堂非也

瓊瑤真人鍼經三卷

題云賜太師劉真人集算詳何時人神農煮鍼

法他書俱失載獨備于此亦可寶也

瓊瑤真人八法神鍼紫芝春谷全書二卷

峨眉山人黃士直序而傳之錄于至正乙未仲

秋

楊氏玉龍歌一卷

玉龍一百二十穴者穴行鍼恐時人有差別故

作此歌以爲衛生之寶焉

本草方書

本草元命苞九卷

元朝崇尚醫學設令醫官考試出題以難素爲

經疑仲景爲治法本草而又苦其繁冗尚仲善

集此書求簡易于慎微本草之中總四百六十

八種葢便于時人之采撮也爲前序者至正三

午平江路常熟州知州班惟志未知邑乘中列

其人否附識以俟參考

千金要方三十卷

孫思邈雍州之華原人救昆明池龍得仙方三

十首散入此書中逐卷一方後人無從辨之新

刻本擅改僞謬不可是正此猶是原書也

千金翼方三十卷

孫真人既撰千金方猶慮或有缺遺更撰翼方

以輔之宋仁宗命高保衡孫奇林億等校正刊

行後列禁經二卷凡二十一篇今之俗醫有知

其法者否直人之爲神仙無疑然以用蟲豸水

蛭之類生命不得冲樂天之惡殺若此活人者

可不有戒心哉

郭思千金寶要八卷

宣和六年河陽郭思取千金方中諸論逐件條

而出之使人知防于未病之前又取諸單方逐

件列而出之使人知治于已病之後并附經用

神驗者各別稱說推行孫真人妙法之本意仍

以千金寶要名篇買巨石鐫之立于華州公廨

吾家墨刻舊本字畫完整古香襲人暇日當取

以校對始知是本之佳否也

聖散子方一卷

此方不過二十二味諸病可治東坡得之于眉

山人巢穀謫居黃州時疫盛行合此藥散之所

活不可勝數因製序以傳不朽惜其方世罕之

見郭五常得之于都憲袁公即為梓行于郢陽

附錄華佗危病十方及經驗三方纉得者復刊

為續錄坡序稱濟世之且衛家之寶真此書之

謂也

永類鈐方二十二卷

棲碧山中人李仲南校檢古今醫書幷以脉病

因證治增為五事鈴而為圖貫串彼此發明成

書使人一覽了然其初名曰錫類後改為永類

者仲南以書成于親歿之後啣哀茹痛所以著

其永感耳

風科集驗名方二十八卷

此書乃趙大中編脩值金亂遁于吳山畢懷趙

子中傳習之虞白處士趙素才卿獲原本于湖

湘訂譌補缺元方六百三十二續添一千三百

四十七通計一千九百七十九方釐爲二十八

卷得成全書才卿被召賜還處于皇極道院元

遺山爲之作銘是書傳世極少醫家尠有知虛

白處士者予故著其詳于此

劉涓子鬼遺方五卷

劉涓子不知何許人晉末于丹陽郊外射中一

物夜不敢迫明日率門人隣巷數十人蹤跡至

山下見一小兒云主人昨夜爲劉涓子所射取

水洗瘡因問主人是誰曰黃父鬼乃共至其處

遙見三人臥一人開書一人搗藥即齊聲
叫窆而前三人並走遺一帙癰疽升一曰藥涓
子得之後從宋武帝北征被創以藥塗之隨愈
用方爲治千無一失故名曰遺方是書極爲奇
秘收藏家罕見之子別有劉涓子治癰疽神仙
遺論一卷與此同是宋鈔皆宜別録副本備之

傷寒

劉守真傷寒直格三卷後集一卷續集一卷別集一

卷

仲景傷寒書金河間劉守直深究其旨著爲直

格便于習醫者要用臨川葛雍仲穆校刊之附

以劉洪傷寒心要爲後集馬宗素傷寒醫鑒爲

續集張子和心鏡爲別集于是河間之書粲然

可觀矣

朱震亨傷寒摘疑一卷

彥脩謂仲景書儒家之論孟也復何所疑摘之

者竊恐摘簡斷文章句或誤故署紀所疑而附

以已意非敢致疑于仲景也

張仲景註解傷寒百證歌五卷傷寒發微論二卷

翰林學士白沙許叔微知可述述者推明仲景

之意而申言之也

何滋傷寒辨疑一卷

滋於乾道年間為保安大夫診御脉兼應奉皇

太子宮攝暑仲景書凡病証之疑似陰陽之差

殊共三十種悉為辨之使人釋然無疑焉

海藏老人陰證畧例一卷

海藏老人王進之盡傳東垣李明之之醫學謂

傷寒乃人之大疾而陰症毒爲尤慘單思數年

掇古人之精要附以已說蓋爲三十餘條有證

有藥有論有辨以成是書刺之爲前序者麻革

信之乃遺山之好友也

傷寒明理論四卷

此書尾斷爛序作于開禧改元稱成公當乙亥

丙子歲其年九十餘則必生于嘉祐治平之間

誠仲景之功臣醫家之大法成公不知誰何蓋

北宋時人也

吳恕傷寒活人指掌圖三卷

恕號蒙齋錢塘人撰傷寒指掌圖首以八韻賦

述傳變之緩急中則隱括仲景三十九十七法

又述後代效驗方法橫豎界為八十九圖至元

間賈慶尚從善為之序而刊行之

攝生

五龍甘臥法一卷

五龍以臥法授之希夷為千古獨得之秘予生

坎壈兩眉外未知有安樂窩否將從希夷高枕

圓人間未了之夢五龍其許我耶

端必尅成就同生要一卷因得囉菩提手印道要一

卷大手印無字要一卷

此為庚申帝演媟兒法張光弼輦下曲守內番

僧日念咒御厨酒肉按時供組鈴扇鼓諸天樂

知在龍宮第幾重描寫披庭秘戲與是書所云

長緩提稱咒字以之為大手印要殆可互相証

明凡偈頌文句悉揣摩天竺古先生之話言閱

之不禁笑來其紙是搗麻所成光潤炫目裝潢

乃元朝內府名手匠今無有能之者亦一奇物
也

藝術

貫經一卷

瞿仙以陶質為壺取其脆而易破以荻葦製矢
取其柔而易折倣古投壺之義射禮之儀著為
貫經令人生戒慎不致躁進之意寓規于戲其
古微矣

投壺譜一卷

（vertical side text）賣書攷之一卷二藝術

三四一

自溫公易新格而古之投壺譜式皆不存此自

有初以至倒耳著明賞罰之等益取禮記投壺

之禮爲證焉

溫公七國象戲局一卷

周室也

七國者秦韓趙魏楚齊燕地周居中而不與尊

朱存理鐵網珊瑚十四卷

存理字性甫別號野航吳之長洲人採輯唐宋

元名人書畫跋語襄成一集名曰鐵網珊瑚分

雜識五卷名畫五卷法書四卷其留心蒐討直

不遺餘力矣余舊藏子昂重江疊嶂圖經營慘

淡虞伯生橋道傳嘆其絕佳間考卷中諸跋咸

載於此集其卷後為有力者攫去至往來余心

未能忘也近購得所南老子推篷竹卷徐禹功

倣楊補之梅花卷吳瑩之吳仲圭續畫兩梅于

後中間雜綴趙子固諸公題跋又得張伯雨楷

書玄史等篇及陸友仁八分書世說語數十則

共成一卷乃清閟閣最所寶愛者野航採此三

三四三

卷俱錄入法書名畫中定爲上品可見吳下名

蹟登此書者多矣閒窗靜坐爐香郁然覽玆墨

妙是正書中一二讌字覽人世間榮名利養之

樂窒有逾于此者昔人云清福爲造物所忌天

公不輕與人伊予何幸得對此縹囊緗帙晨夕

欣賞撫巳�惶又不覺淡然以思而悄然以恐

也野航教書荻扁王氏一夕與主人對酌罷將

就寢適月上得句云萬事不如杯在于一年幾

見月當頭狂喜大叶撼主人起咏其句主人亦

相與擊節呼酒更酌明日張具樂飲徧邀吳中

善詩者賞之前輩風流令人懷慕無已趙清常

脉望館書目更有續鐵網珊瑚未知誰氏所集

吾不得而見之矣

畫繼十卷

宋朝能畫諸名家此書無不網羅畢載八卷銘

心絕品九十兩卷雜說論遠近內一條云楊惠

之與吳道子同師道子學成惠之耻與齊名轉

而爲塑皆爲天下第一故中原多惠之塑山水

壁郭熙又出新意令圬者不用泥掌止以手搶

泥于壁或凹或凸乾則以墨隨其形迹暈成峰

巒林壑加之樓臺人物之屬宛然天成謂之影

壁因思古之游於藝者必能游而後始成絕藝

夫子下字之妙如此特拈出之以耻今世之畫

家

畫鑒一卷

采真子與柯敬仲論畫遂著此書當時賞其知

言采真子東楚湯垕君載之自號也後附荊浩

山水筆法記一卷

夏文彥圖繪寶鑑五卷

文彥字士良吳興人書成于至正乙巳自吳晉

至宋元歷代畫家氏名網羅搜討殆遍序云他

無所好獨于畫遇所適諦玩輒忘寢食其留心

畫史蓋終身以之者矣

竹譜詳錄一卷

薊丘李衎字仲賓以息名其齋畫竹得文湖州

不傳之秘此錄論墨竹之法與其病凡竹之一別

續書攷卷三 藝術 　　　　　　　　　至六

族殊名奇形詭狀莫不譜其所自出相傳墨竹

于古無傳自沙門元靄及唐希雅董羽輩始爲

之倡或云五代時郭崇韜夫人李氏月夜摹窗

竹影後往往有效之者考廣畫集載孫位擅名

墨竹又成都大慈寺灌頂院有張立墨竹畫壁

孫張皆晚唐人乃知非元靄輩倡始并不起于

李夫人也山谷老人云近代墨竹不知其所師

承初吳道子畫竹加之以色巳極形似墨竹之

師或出于此息齋得王右丞開元石刻妙蹟又

得蕭恊律篔竹圖南唐李頗叢竹圖備載于錄

真此君之美談矣

至元庚辰玉笥山人饒大虛自然選唐王維及

元商德符等二十人注其筆意染法以爲式後

附四家十二忌柯丹丘稱自然以詩四名世惜

無從見其詩耳

河陽郭思纂其父淳夫所得名人畫詩及受眷

神宗事實勒成一書政和七年許光凝書其後

云覽之令人起物外煙霞之想真可謂林泉之

高致矣、

類家

類林十五卷

類林亡來巳久此爲平陽王朋壽增廣者于舊

篇章之中添入事寔其次叙增益至二百門

篇後有贊如眉間事他書未詳此記之甚悉尚

是元人舊鈔大定巳酉李子文鏤板刊行者未

知其本今有存焉否也

北堂書鈔一百六十卷

今行北堂書鈔爲吾鄉陳抱中先生所刻攙亂

增改惜無從訂正聞嘉禾收藏家有原書亟訪

十餘年而始得繕寫精鈔繙閱之心目朗然唐

人類書大都爲一已採用而作如白樸之類非

若宋人取盈卷帙譸譺謾訑欺殊不足援据也

數書四十卷

自一至百聚其事而彙成之閣中本在王雲來

處不著述者何人書法撫歐虞仍出一人手疑

是宋時進呈本然十存其四趙清常知王玄韜

家所藏錄于閣本未失之前因假繕寫完書

之難如此觀清常跋語爲之撫卷浩歎

讀書敏求記卷三

吳興趙孟升用亨校字

讀書敏求記卷第四

也是翁錢　曾　遵王

集

唐大詔令二百三十卷

宋宣獻公裒唐之德音號令彙之未次甲乙未
爲標識而公薨其子敏求緒正舊藁釐十三類
編錄成帙目爲唐大詔令余考之開元二十三
年乙亥十二月壬子朔二十四日乙亥冊河南
府士曹參軍楊玄璬長女爲壽王妃益妃之父

為蜀州司户玄璬生而早孤養于叔父玄璬家

故冊稱玄璬女也開元二十八年十月玄宗幸

溫泉宮使高力士取楊氏女于壽邸命孫逖撰

冊度為女道士號太真往為太真宮天寶四載

乙酉七月丁巳朔二十六日壬辰冊左勳衛二

府右即將韋昭訓第二女為壽王妃是月即于

鳳皇園冊太真宮女道士楊氏為貴妃按壽王

妃前後二冊文及楊妃入道勅諸書俱不載今

全錄于此時日皆班班可考千載而下覽者能

不爲之失笑乎玉溪生龍池絕句夜半宴歸宮

漏永薛王沉醉壽王醒詩人言外托諷詠之殊

難爲情箋義山集者應取二冊文并入道勅爲

此詩之注脚何如

離騷草木疏四卷

劉香之書不可得而見矣世傳惟宋吳仁傑斗

南所著草木疏復經甬東屠本畯田叔菱其蔓

衍而補益之改盡斗南舊觀且以吳氏關鳥獸

爲非通論夫美人香草騷之寄托豈後人止

二

三五五

疏草木者其意適與靈均合田叔別撰昆虫疏

蓋欲多識鳥獸之名與失騷人之旨矣此從曹

秋岳先生借錄得觀斗南原書何其幸也

錢果之離騷集傳一卷

果之晉陵人解離騷而名爲集傳者不敢同王

叔師之注也然其旨一稟于叔師旁採爾雅山

海經本草淮南子諸書而分離騷三百七十三

句爲十四節蓋謂古詩有節有章賦則無章有

節耳果之不曉昭明置騷于詩後之義妄認騷

即為賦俗儒少隅見君此

陸士衡文集十卷陸士龍集十卷

士衡集文賦為首士龍集逸民賦為首慶元庚

申徐民瞻涖官雲間搜訪得少鋟本以行為文

冠諸簡端目曰晉二俊文集序中仍舊名而不

改其志識寔異今人宋刻之所以佳也都穆跋

陸元大迂刻亦以錄本譌誤為言而不及民瞻

之序似忘二俊集之所由名子故錄而存之

支遁集二卷

支公養馬愛其神駿豈中未必無事在皎然云

山陰詩友喧四座佳句縱橫不廢禪是又以詩

語爲韋勳矣

陶淵明文集十卷

妻江顧伊人藏弆宋槧本淵明集顏其讀書處

曰陶廬而請牧翁爲之記伊人交余最厚盡所

謂兄弟也但各姓耳見余苦愛陶集遂舉以相

贈丙午丁未之交余售書季子滄葦是集亦隨之

而去每爲念及不能忘然此則購名手從栄刻

影摹者筆墨飛動行間字有不可過之勢視宋

刻殆若過之滄葦歿書籍散入雲煙過眼錄矣

伊人前年渡江念陶集流落不偶訪求得之持

歸示予河東三篋亡來巳久一旦頓還舊觀展

卷相向喜可知也予畀以牧翁陶盧記手棄俾

揭之簡端以見我兩人鄭重其書互以藏之外

府為快若此視世之借書為一癡者其度量相

越豈不遠哉墨莊中尚有箋註淵明集乃是焦

弱侯翻刻原宋本述酒詩中山陽註能照見古

人心髓留心詩畫者宜拈出之

江文通集八卷

元趙篔翁領國子學閱崇文館舊書得文通全
集鈔寄蕭山舊宅夢筆寺此本乃元僧弘濟所
錄者末卷中山楚辭後多歌詞三首流俗本所
無行間脫誤字咸可考正校過始知其佳耳
陰常侍詩集一卷何水部詩集二卷集一卷
吾家所藏者二一是舊刻一是舊鈔然總名曰
陰何集末載黃長睿跋語一得何遜舊集于春

明宋氏八卷特完而此止三卷其殆所亡矢天福

本歟

東皋子集三卷

呂才仲英鵰訪無功遺文輯成一書其集今世

罕傳清常道人從金陵焦太史本録出披閱之

餘想其與子光對酌時雖未嘗交語胸中各有

一段直趣爲酒家南董耳

王右丞文集十卷

寶應二年正月七日王縉搜求其兄詩筆十卷

五

李翰林全集三十卷

太白集宋刻絶少此是北宋鏤本闕十六卷之
二十二十六卷之三十予以善本補録遂成完
書前二十卷爲歌詩後十卷爲雜著卷下註別
集簡端冠以李陽氷序盖通考所載陳氏家藏
不知何處本或即此耶

泉知此本之佳也

君詩亦如牧翁所跋作山中一半雨樹杪萬重

隨表奉進此刻是麻沙宋板集中送梓州李使

杜工部集二十卷

王洙原叔蒐襄老杜中外書凡九十九種除其
重複定取千四百有五篇凡古詩二百九十有
九近體千有六起太平時終湖南所作視居行
之次若歲時爲先後分十八卷又別錄賦筆雜
著二十九篇爲二卷合二十卷寶元二年十月
爲之記嘉祐四年四月大原王琪取原叔本繁
考之鏤板姑蘇郡齋又爲後記附于卷終而遵
原叔之文于卷首牧翁箋注杜集一以吳若本

六

為歸此又若本之祖也予生何幸于墨汁因緣

有少分如此斯文未墜珠囊重理知吾者不知

何人蓬蓬然有感于中爲之放筆三歎

杜工部進三大禮賦十卷

東萊呂祖謙注牧翁全錄入杜詩箋注中此則

其原本也

徐侍郎集二卷

唐徐安貞撰安貞常爲李右丞議恐其罪累逃

隱衡岳山寺爲掇疏行者喑啞不言者十年然

猶餘塵瞥起時時聞誦峴山思駐馬漢水憶回

舟及暮雨猶濕春風帆正開之句可見文人習

氣循迴藏識中一字染神不與窮塵劫灰同盡

于終古也

陸宣公翰苑集二十二卷

制誥十卷奏草六卷中書奏議六卷權載之序

大字宋槧本惜其詩文別集十五卷失傳于世

爲恨耳

歐陽行周文集十卷

七

昌黎作歐陽詹哀詞自書兩通　可為拳拳于行
周至矣行周過南陽孝子而傳之則所為舍朝
夕之養以來京師其心將以有得于是而歸為
父母榮之言昌黎益非耶爾信之者途中詩云
五原東北晉千里西南秦一纏不出門一車無
停輪流萍與繫匏早晩期相親至今吟咀之覺
意莊語重其所思必高隱蓽流故有繫匏之感
焉得借高城不見句而騰太原函髻之謗乎書
此以辨小說之誣

李觀文編三卷外編二卷

大順元年陸希聲得元賓文于漢上條次爲三

卷爲序以冠其首後天水趙昂又輯遺文二卷

爲外編曰黎稱元賓文高于當世行過學古人

一何張之甚歟

呂和叔文集十卷

和叔文集十卷

和叔集絳雲樓宋槧本繕寫凡載于英華文粹

中或字有異同者俱詳注于上子所謂讀書者

之藏書類是也

權文公詩集十卷

新都楊慎得此集于滇南士人家止存目錄與

詩賦十卷嘉靖辛丑劉大謨刻于川中

劉賓客文集三十卷外集十卷

是集繕寫精妙讐勘無譌嘗以汲古舊抄校之

行次差殊遜此本多矣

元氏長慶集六十卷

弘治元年楊君謙抄微之集行間多空字蓋以

宋本藏久漫滅而不敢益之也代書詩一百韻

光陰聽話移後全闕乃宋本脫去二葉故無從

補入耳嘉靖壬子東吳董氏用此本翻雕而以

己意妄填空字可資捧腹亂後牧翁得此宋刻

微之全集于南城廢殿向所闕誤一一完好遂

校之于此本手自補寫脫簡牧翁二薇之集殘

闕四百餘年一旦復爲全書寶玉大弓其猶歸

嘗之徵歟

白氏文集七十一卷年譜一卷

樂天自杭州刺史以右庶子詔還排纂其文成

五十卷號長慶集微之爲之序又成後集二十

卷自爲之序嘗録一部置廬山東林寺經藏院

北宋時鏤諸板所謂廬山本是也絳雲樓藏書

中有之惜乎不及繕寫庚寅一炬此本種子斷

絕自此無有知廬山本者矣予昔從婁東王奉

常購得宋刻卷次與世行本無異後亦歸之澹

葦此乃對宋本校寫者其二之二五之七四十

三四十八之五十二共宋本十一卷仍同奉常

本十三之十六之三十三之三十

八共十七卷是金華宋氏景濂所藏小宋板圖

記宛然古香可愛更精于奉常本然總名曰民

文集愈知廬山舊本之爲艱得矣戊子己丑子

日從牧翁遊奇書共欣賞驗心悅目不數蓬山

今人侈言藏書陋板惡鈔盈箱插架書生覓錢

但不在紙裏中可爲一噱

李文公集十八卷

習之與陸傪書李觀雖不永年亦不甚遠于楊

子雲又思我友韓愈非兹世之文古之文也非

兹世之人古之人也孟軻既歿亦不見有過于
斯者夫文章為載道之器必其貞信直而後信
他人也不偽習之稱許韓李其通懷樂善如此
是豈遏情之聲與譽哉及觀其答皇甫湜書云僕
叙高愍女楊烈婦豈盡出班孟堅蔡伯喈之下
則其高自標置當仁不讓又如此豈非自信真
而後信他人之不偽者歟昌黎曰近李翺從僕
學文頗有所得古君子師資相長不以浮名虚
聲妄為誘悅今人但知韓柳而弗知有元賓持

正習之諸人與之俠轂起者斯文若江河行地

異流同源讀習之文或可憬然而悟矣

皇甫持正集十卷

孫可之得文章要訣十求無擇無擇得之于皇

甫持正持正得之于韓吏部退之斯文自有真

傳非同俗學之實行摘埴自以剽耳備目為能

事也是集子從閩本鈔錄因記得樂天哭皇甫

七郎中詩涉江文一首便可敵公卿注云持正

奇文甚多涉江一篇尤佳而此缺之知持正之

續書致又目集

十二

三七三

文亡逸者多矣

樊川文集二十卷

牧之集舊人從宋本摹寫者新刻校之無大異
此翻宋雕之佳也

沈下賢文集二十卷

樊川義山皆有擬下賢詩則當時之聲稱甚盛
其詩必多而集中止十八首何歟此刊于元祐
丙申不識流俗本有異同否惜未一校對耳

笠澤叢書二卷補遺一卷

叢書爲陸魯望臥病松陵時雜著元符庚辰樊
開序而鏤諸板致和改元毘陵朱袞又爲後序
刊行止分上下二卷補遺一卷今人所鈔元時
刻本已蝨爲甲乙丙丁四卷詮次夢亂兼少憶
白菊開吟二絕句非經讎勘無復知此本之善
矣

吳興晝上人集十卷

書院有命徵皎然文集頓採而編之得詩筆五
貞元壬申歲于頔分刺吳興之明年集賢殿御

百四十六首分爲十卷納于延閣書府即此本

是也今漫稱柕山集乃後人所題非原書矣識

者辨之

龐居士語録一卷詩二卷

有男不婚有女不嫁大家團圝頭共說無生話

世出世間法都一往攝盡矣老老大大更摸索

得幾個話頭明明祖師意未知作麽生也此書

籤題猶是元人手筆靜對之覺身世俱忘

雪竇祖英集二卷

師諱重顯文獻通考字隱之大寂九世孫俗姓
李氏其生平見呂夏卿塔銘蔵集乃門人總輯
成於天聖十年孟陬月小師文政爲之序雪竇
本智覺道塲曾公守明州手疏請師住持于此

宗玄先生文集三卷
　吳筠集王顏編次權載之序邠溪黃子羽藏書

王黃州小畜集三十卷

　黃州挈勘小畜集文章典雅有益後學舊本計
　一十六萬三千八百四十八字紹興十七年申

（左側書口：讀書敏求記四集　十三）

明雕造開板之不苟如此是本後有嘉靖乙丑

岳西道人復初跋語藏于栩栩齋

徂徠文集二十卷

守道慶曆聖德頌出孫明復曰子禍始于此矣

蓋所云大奸之去如距斯脫者謂夏竦也未幾

歸徂徠山遇疾卒而竦欲以奇禍中傷大臣遂

稱介詐死北走契丹幾陷人主有剖棺發塚之

過繕徂徠集因思小人欺君無所不用其極為

之掩卷失聲并錄歐公誌銘及詩于後

盧陵論尹師魯墓誌條析其事再述于後子覽

之喟然歎曰甚矣古人珍重著述一字不敢聊

且命筆君是之難而慎也歐公述師魯文曰簡

而有法此一句六經唯春秋可當之又思平生

作文唯師曾展卷疾讀便曉人深處死者有知

必愛此文所以慰吾七友嗟嗟文章千古事歐

公直欲起師曾于九原而質之其寸心知已爲

何如耶當吾世而無盧陵則已世有盧陵何患

無知師曾者吾又爲今之師曾慶所遵也

楊傑無爲集十五卷

傑字次公號無爲子紹興癸夾歲趙士彩取其

詩賦碑記雜文表次成集

王蘋集八卷

蘋字信伯福清人從學程門以王安石尚經義

而廢春秋守所學不就科舉紹興四年孫祐疏

薦引見賜進士出身除秘書省正字是集乃其

十一世孫觀所編也

祖龍學集十六卷

祖無擇字擇之洛陽九老之一也集十卷附名
臣賢士往來詩文二卷系家集又四卷其曾孫
衍編次成帙并著龍學始末于卷終

趙子昂松雪齋集十二卷外集一卷

乙丑中秋購得松雪翁重輯圖書集注序真蹟
細書謹楷紙墨如新圖小影于前幅而公自題
簡端云延祐五年提舉楊叔謙畫時子為翰林
學士承旨年六十有五後序有仲穆蠅頭小字

跋語子按子昂奉勑撰農桑圖序云延祐五年

四月廿七日集賢大學士臣邦寧大司徒臣源

進呈農桑圖上問作詩者何人對曰趙孟頫作

圖者何人對曰諸邑人匠提舉楊叔謙上嘉賞

火之又賜文綺一段絹一段竊思圖像時適當

作詩繪圖之際兩人相與其晨夕故叔謙得爲

公寫照也公薨于至治壬戌之六月辛巳年六

十九延祐五年正六十有五明年己未謁告歸

矣公少書其衛紀其歲于象側以見暮年命筆

鄭重其文若此蓋所謂衰貌頹然不能不自愛

也楊戴撰公行狀云皇太后議取隆福宮名他

學士擬光被公擬光天他學士曰光天出陳後

主詩不祥公曰帝光天之下出虞書何名不祥

于是各擬以進卒用光天其言寔與仲穆之跋

語相符合然跋云以書質之中留一本則是書

曾經進御而狀失載也至元後巳卯沈潢校正

松雪齋集十二卷何禎立又輯外集一卷刊行

于世自詭求假全藁十公之子仲穆而此序不

收知公之詩文遺佚者多矣數百年後敬覩遺

像使人得以歷稽歲月傍徨感歎如侍立公之

坐隅而親承其謦欬者撫此墨抄豈非希世之

珍也歟

石田先生文集十五卷

皇帝聖旨裏江北淮東道肅政廉訪使蘇嘉議

牒伏覩故資德大夫御史中丞知經筵事馬祖

常擬今照依左丞王結例抄錄遺文于淮東路

學刊板傳布申覆御史臺照詳去後至元五年

九月二十九日承奉憲劄付仰依上施行可照
驗差人抄錄本官文集委自總管不花申議不
妨本職提調刊印仍選委名儒子細校讐無差
發下本路儒學依上刊板傳布施行須至牒者
是書雕造精妙爲元刻中之上馴楮墨簇新古
香可愛簡端其此牒文統錄之示藏書家以見
元時隆重碩儒敦崇積學非輓近之世可幾及
也

虞伯生道園學古錄五十卷

是集分在朝藁應制錄歸田藁方外藁四種總

名道園學古錄鏤刻精雅世行本從此翻雕間

取讎勘譌謬處絕少知嘉隆以前學人信而好

古非若近日槧書者淆亂芟改師心自是也

楊翮佩玉齋類稿

翮字文舉以文類其稿不分卷帙元刻中之佳

者

陳基夷白齋稿三十五卷外集一卷

弘治乙卯張習廣搜敬初詩文勒成十二卷刊

之志其後云先生文集名夷白者三十四卷留
吳下士大夫家秘不傳蓋當時原書旣觀故所
刻不全君子惜焉此從其棠本摹寫者棠本舊
藏葉林宗家林宗嘗出眎予摩挲賞玩移日不
休子語林宗敬初過虞山詩悼張楚公之亡指
斥太祖不少遜避戴良編題此集亦稱我吳王
淮張之能得士心如此非一時群雄所可企及
因相與浩歎而罷廻念疇襄良友過從奇書欣
賞曾幾何時等少威音劫兵展卷懷人不覺潛

焉出涕

王翰友石山人藁一卷

潮州路總管王翰字用文別號友石山人元七

浮海之閩居永福山中黃冠服十年有薦之于

朝者君聞辟命下即引決今讀其自决詩忠義

之氣凜然吁可敬也遺稿為其子偁編字孟揚

行事詳附錄中

甘復山窗餘藁一卷

偊字克敬元末餘十人成化癸卯保寧推官張

詩集

敬先得其手藁于趙時用刻之以傳

阮嗣宗詩一卷

阮嗣宗詠懷詩行世本惟五言八十首朱子僞

取家藏舊本刊于存餘堂多四言詠懷十三首

覽者勿漫視之

庾開府詩集二卷

朱子僞重刻庾開府詩四卷于存餘堂引序未

少陵語謂其集刻在唐後予近得子山詩舊鈔

校之首卷同存餘堂本餘五卷序次迥異凡多

詩百十五首始知子瞻刻未備也庚信全集二

十卷藏之天府未知百上六颷迴靈光猶無恙否

今考其詩集行世者唯子本爲佳因錄哀江南

賦于後而匱藏之俟識者覽焉

沈雲卿集二卷

沈宋裁詩秾變律律而云變者蓋詩之體裁至

沈宋排比聲律比齊梁格法益嚴故遂爲千古

律詩之龜鑑耳之問集已失傳佺期集未知今

有新刻本否此爲吳門柯氏藏書柯君名鈵字

大中別號味茶居士摹寫宋本唐人詩數十種

今皆歸迷古書庫中視百家詩刻直霄壤矣

淳熙八年郭知遠以杜詩注牴牾雜出因輯善

本得王文正公宋景文公豫章先生王源叔薛

夢符杜時可鮑文虎師民瞻趙彥材九家註讐

校鋟板于成都寶慶乙酉曾噩子肅謂註杜者

挾僞亂眞如僞蘇註之類惟蜀士趙次公爲少

陵功臣今蜀本引趙注最詳重摹刊于南海之

漕臺開板弘采刻鏤精工乃宋本中之絕佳者

予觀通考經籍志云趙次公註杜詩五十九卷

今按趙註散見于蜀本曾序已稱其最詳卷帙

安得有如此之富恐端臨所考或未叢書此以

諗世之讀杜詩者

新雕校正大字白氏諷諫一卷

白氏諷諫原自單行此新雕者其字句與摠集

中稍異歲久墨漶紙渝圍陵妄缺一字竟無從

補錄可惜也

高常侍集十卷

達夫集子借林宗宋槧本影摹族祖求赤文從
子轉假去錄而藏于懷古堂今宋槧本流落無
聞子本尒已歸之滄葦此乃懷古堂錄本也聚
散不常閱人成世三君墓木巳拱獨子抱斷編
殘簡栖遲于魚蠹之中閒房良夜靜言思之吾
家典籍異日傳于不知何人惜世無王仲宣聊
作鄭餘慶舐掌之藏可耳

續書敎人己集曰詩集　　三十

錢考功詩集十卷

仲文詩佳本絕少此於雜言古體近體諸篇編

次極當兗爲舊集無疑自高延禮之品彙出而

古律之名始著于世詩家不復辨唐詩編次之

非古唐人集有不改其舊觀者幾希矣

李賀歌詩編四卷集外詩一卷

宋京師本無後序此鮑欽止家本也臨安府棚

前北睦親坊南陳宅經籍舖印

吳正子箋註李長吉歌詩四卷詩外集一卷

此書是元人舊鈔潘君顯甫贈予君譯崇別號

郭指平生交唯孟息先生石林長老與予三人

著法苑紺珠集牧翁極稱之窮居陋巷書聲琅

琅出金石虞山一隱君子也惜乎單門寒素將

來湮沒無聞未免有名氏醫如之嘆耳

王建詩集十卷

建與樞密王守澄有宗人之分偶因過飲相謔

守澄憾欲借宮詞奏劾之建作詩以解結句云

不是當家親向說九重爭遣外人知事遂寢當

窺無巘

李商隱詩集三卷

文宗時梁人用命朝士箝結甘露之變爲千古
所未有國勢亦岌岌乎殆哉義山忠憤逼塞不
敢訟言北司美人香草譬詞托寄其旨微矣留
贈畏之詩題下註云時將赴職梓潼遇韓朝廻
三首夫時事日非期望畏之來有所論建而暗
無一語竟如噎如醒者何也故次章云待得郎

家猶今人言一家也此集作姓同甚爲後人改

來月巳低寒暄不道醉如泥也隨例趨朝轉轅

廻去國成誰棄若珥耳不聞宮鄰金虎委多蜩

蟪沸羹之徒忠于君者若是乎故繼之以五更

又欲向何處騎馬出門烏夜啼也首章起句即

責韓以清時無事奏明光及言之亦激言之耳

詞臣引領歸客廻腸義山于君臣朋友之間情

義剴切且又託爲艷詩以委曲諷諭此豈藥伯

所能解乎朱鶴齡箋註義山詩初彙云此題有

誤予笑語之義山旣誤作于前章毅才調集又

誤選于後無知妄作賢者無是焉鶴齡面縠赤

因削去今聊引此以啓其端見義山之詩之難

讀如此

溫庭筠詩集七卷別集一卷

世傳溫李爲側艷之詞今誦其雞聲茅店月人

跡板橋霜及魚鹽橋上市燈火雨中船諸名句

豈獨以六朝金粉爲能事者解對金跳脫正不

必再讀南華第二篇矣

羣玉以草澤士子表上其詩人主遂有錦綵器

物之賜令狐綯薦之于朝授宏文館校書郎唐

君臣愛惜人才若此風雅之化於斯為盛能無

令後人望古遙集乎

許渾丁卯集二卷

暇日校用晦詩元刺增廣者較宋板多詩幾天

半此又宋本之不如元本矣

李頻黎嶽詩集一卷

集刋于至元後丁丑卷終有雍虞集收藏字蹟

其殆道園家藏本歟

元英先生家集十卷

樂安孫鄧作玄英先生傳王贄稱方干入錢起
之室撰序題于集首此云元英者避宋諱也集
中贈美人七言長句四首今本為俗子芟去得
此始補全之

韓偓詩集一卷

昭宗反正密勿之謀致光為多觀其不草章貽
範詔正所謂如令冷笑東方朔口用詼諧待漢

皇也詩以言志致光可稱卓然不拔之君子矣

韓内翰香奩集三卷

香奩集三卷予從元人鈔本録出末卷多自負

一詩洪邁絕句亦未收行間字極佳比流俗本

迥異子嘗命名手繪圖二十六幅裝潢成帙精

妙絕倫閱之意態舒放嗟乎致光遭唐末造金

鑾前席危將虎鬚嶺及乎投老無門托迹甌閩竟

竇志歿此豈淺夫浪子所能然耶後人但知流

浪香奩無有洗歿其心事者千載而下可為隕

賣書文文已集四詩集　三五

递也沈括云和凝後貴以此集嫁名于致光則

宋人已辨之詳矣

杜荀鶴文集三卷

余藏九華山人詩是陳解元書棚宋本總名唐

風集後得北宋本繕寫乃名杜荀鶴文集而以

唐風集三字注于下竊思荀鶴有詩無文何以

集名若此殊所不解通考云唐風集十卷更與

顧雲撰序刺謬矣

吳融英歌詩三卷

余生平所見子華詩宋槧本唯此本宜寶護之

寒山拾得詩一卷

豐干語閭丘胤寒山文殊拾得普賢直為饒舌

吳胤令國清寺僧道翹纂集文句成卷而為之

序譜附著拾得錄于詩之前惜子傳世絕少此

士詩並添入三藏目錄中庶不至泯滅無傳耳

從宋刻摹寫考南北藏俱未收余謂應同龐居

禪月集二十五卷

吳融初序貫休詩名西岳集此乃蜀乾德五年

門人曇域尋檢藁草及暗記憶者約二千首雕

刻板部題號禪月集曇域稱蜀主崇奉其師過

秦主待道安之禮踰趙王迎圖澄之儀今觀其

卷首開題云大蜀國龍樓待詔明因辯果功德

大師祥鱗殿首座引駕內供奉講唱大師道門

子使選錄校授文章應制大師兩街僧錄封司

空大僕卿雲南人鎮國大師左右御龍華道塲

對御講讀天師兼禪月大師食邑八千戶賜紫

大沙門貫休結銜如此知域之言可信不誣然

師以一劍霜寒之句睥睨吳越固非榮名利養

足以穢其心者一瓶一鉢遠勝紅樓應制之僧

千載而下閒雲野鶴如遇師于寥天碧落中吾

祖奈何以添州拒之子

白蓮集十卷

北宋本影錄行閒多脫字牧翁以朱筆補完又

一本有栖巖跋附風騷吉格一卷

黃山谷詩注二十卷目錄一卷年譜附

舊刻山谷詩注甚佳但目錄中宿舊彭澤懷陶

令題下注云舊本自此以上缺二板以後諸題

例之前各題下皆當有注腳今諭無此本姑列

各題如右倘後得之當別補入今吾家所藏二

葉宛在卷首各題下註腳俱全前更有紹興繙

陽許尹豫章後山詩解一序始知淵嘗以文藝

類試有司爲四川第一惜于刻此書者不及見

之遂令舉世缺此幾葉宋本之難得遇如此

黃山谷外集詩注十七卷序目一卷年譜附

山谷傚樂天集廬山本分本詩爲內外篇青神

陳后山詩註十二卷

史容惜內集有註而外集未也故爲續註之

宋人老杜千家詩註荒陋百出而傳之最廣最

头任子淵註山谷后山詩施武子增補其父司

諫注坡詩皆註家之佳者而傳之獨少山谷后

山詩注雖有舊板行世僅而得見余所藏俱宋

刻本可稱合璧矣獨坡詩註武子因傅佇稱漢儒

善歐書俾書之以鋟板者曾見于絳雲樓中後

廣搜不可得爲生平第一恨事耳

葉石林建康集八卷

少蘊兩帥金陵故以建康名其集蓋置其泠官時
所作也

段氏二妙集八卷

彶之號遯菴誠之號菊軒初年謁禮部闌闈公
目之為二妙道園段氏世德碑銘稱兩先生終
隱于家一時諸侯士大夫皆尊師之予從河汾
諸老詩中識其氏名今錄其全集讀吳草廬序
言有感于元興金七之會中州逸民遺老身隱

而名不彰者多矣爲噫嘆久之

金臺集二卷

迺賢易之葛邏祿氏也葛邏祿氏居北庭西北

金山之西去中國遠甚元太祖取天下其國與

回紇先附易之少居江南長游齊魯燕趙之間

客京師危大樸爲編其詩集前後序跋皆一時

諸名公手書刻鏤甚精兀板中之最佳者虞道

園題詩云目疾深坐乃其馬鬃縫目之後故有

因君懷郭隗千古意如何之句蓋亦自傷也

賣書文元己卷四詩集　　　　尭

圭塘欵乃集一卷

安陽公一門及其客唱和之什別有圭塘小藁
行于世

楊仲弘詩集八卷

余昔藏元板仲弘詩集後歸之李氏此從刻本
影鈔元詩稱虞楊范揭爲四大家今子所藏皆
善本殊足喜耳

揭曼碩詩集三卷

吾友顧伊人從至元庚辰刻本爲予手録之

薩天錫雁門集八卷

新刻通一卷此則八卷前列至元丁丑于文傳

序天錫父阿魯赤留鎮燕代生君于雁門故以

雁門名其詩後附詞十一首君冒姓薩氏名都

刺史天錫其字別號直齋薩都刺者即華人所

謂濟善也文傳之序二然

范德機詩集不七卷

至元庚辰刊于益友書堂臨川葛雞仲穆編次

張憲玉笥集十卷

憲字思廉會稽山陰人居玉笥山自名玉笥山

人讀其怯薛行琴操十二首誠留心斯世之士

劉釬稱思廉以忠義自許良不虛也

葉顒樵雲獨唱六卷

葉顒金華人稱雲顒此篆文頂字 天民至正甲午自

為前序庚子又為後序不乞文于他人即獨唱

之旨也

黃庚月屋樵吟四卷

清常道人跋云詩多俊語後多媚語或時吐一

二禪語句中往往有用世意非不欲仕元者

洪焱祖杏庭摘稿一卷

焱祖字潛夫仕元為休寧縣君著續新安志十

卷爾雅翼音注三十二卷所居有銀杏大百圍

故以杏庭為號遂名其集此則其摘稿也宋濂

危素為之序

宋无翠寒集二卷唫噦集一卷

无字子虛吳人馮海粟極稱其詩隱居翠寒山

因以名焉張習分之為六卷唫噦集鄧光薦作

王逢梧溪集七卷

弘可謂克繼家聲者矣

文選遺五子永樂中其子㘞謁序于天台鮑原

十畝悉歸祠堂奉祭祀獨取遺藁及端硯古本

遊咏雁山中時稱為雁山三老臨終以業田數

希晦樂清人元李與四明吳主一簫臺趙彦銘

朱希晦雲松巢詩集二卷

靄迺集寒㟪冷話無從得見侯更覓之

序附自銘于後其製銘時年巳八十一矣尚有

先君留心國初史事訪求王逢陳基等集不遺
餘力然唯絳雲樓有之牧翁秘不肯出未由得
覩先君歿余劍映齋藏書購得梧溪集前二卷
是洪武年間刊本如獲拱璧恨無從補錄其全
越十餘年後與梁溪顧脩遠借得後五卷鈔本
亟命侍史繕寫成完書閱時泣下漬紙痛先君
之未及見也原吉志不忘元其故國舊君之思
纏綿惻愴初學集跋語極詳又不待予之贅言
矣

張光弼詩集二卷

淮張用事諸人宴安逸豫不以烽警為虞光弼
春日詩云一陣春風一陣寒芭蕉長過石闌干
只消幾个懵騰醉省得春光到牡丹瞿宗吉謂
其隱刺淮張而作詞婉情深有風人之遺思今
此集不載何也

灤京雜咏一卷

元揚先于字和吉吉水濕塘人以布衣從士大
夫游襟被萬里迹窮陰山之陰蹄林之北乃元

時帝后避暑之所益所謂上京卽灤京也雜咏

百首備述途中之景及車駕往還典故之大概

可補元史闕遺詩有云又是宮車入御天麗姝

歌舞太平年侍臣稱賀天顏喜壽酒諸王次第

傳注曰千官至御天門俱下馬徒行獨至尊騎

馬直入前有教坊舞女引導舞出天下太平字

樣至玉階乃止王建宮詞每徧舞時分兩向太

平萬歲字當中此猶是唐人字舞之遺制與詩

後附周恭王元宮詞四十首成化丁酉春羅璟

蠧菴文之已录四詩集　　三三

從楊文貞公家借錄牧翁云此爲周憲王詩恭

王受封在世廟時傳寫之誤也

總集

李善注文選六十卷

古人註詩類有體例漢唐諸大儒依經疏解析

理精妙此註經之體然也史家如裴松之之註

三國劉孝標之註世說旁搜曲引巧聚異同使

後之覽者知史筆有如料揀非關漏不書耳若

夫郭象注莊晉人謂離莊自可成子是亦一說

也至于集選宜詮釋字句所自出以明作者之

原委如善注文選其嚙矢焉善注有張伯顏重

刻元板不及宋本遠甚余所藏乃宋刻佳者中

有元人跋語古香馣靉閲之不免以書簏自笑

五臣註文選三十卷

宋刻五臣注文選鏤板精緻覽之殊可悅目唐

人䀡斥呂向謂此之善著猶如虎狗鳳雞由今

觀之良不盡誣昭明序六都爲三十卷此猶是

舊卷帙殊足喜耳

古文苑一卷

韓元吉記云世傳孫巨源于佛寺經龕中得唐

人所藏古文章一編莫知誰氏録皆史傳所不

載文選所未取者因以古文苑目之今次爲九

卷刊于淳熙六年六月卷中栢梁詩每句下但

稱官位而無名氏有姓有名者唯郭舍人東方

朔耳世所行注本古文苑于每句下各增名姓

按漢武帝元封三年作栢梁臺詔群臣二千石

有能爲七言詩乃得上座今注本太常曰周建

德則建德先于元鼎五年坐擅由大樂令論矣

大臚鴻曰壺克國年表太初元年克國始爲此

官六臺臺成作詩之日則遠隔五年矣少府曰王

溫舒則溫舒巳于三年徙矣右扶風曰李成信

則成信此時爲右內史矣踳繆如此古詩紀仍

其譌而不知故特爲正之

梁公九諫一卷

賜書樓藏舊鈔本與唐書互有異同存之以備

參考可也

玉臺新詠集十卷

是集緣本東朝事先天監流俗本妄增詩幾二

百首遂至子山竄入北之篇孝穆濫璧戔之曲

良可笑也此本出自寒山趙氏余得之於黃子

羽卷中簡文尚稱皇太子元帝稱湘東王未改

選錄舊觀牧翁云凡古書一經庸妄手紕繆百

出便應付蠟車覆瓿不獨此集也披覽之餘覆

視牧翁跋語爲之掩卷憮然

織錦廻文詩一卷

蘇若蘭織錦迴文詩天册金輪皇帝序冠首簡

仇東之云程篁墩嘗以衍聖公藏本詩僅一百四

十餘首謂天下能讀者無過之後見黃山谷絕

句千詩織就迴文錦如此陽臺暮雨何亦有英

靈蘇蕙子更無悔過實連波因知山谷必嘗讀

至千篇且愧子之自狹也起宗道人紬繹是詩

分圖爲七共一百七十四段得三四五六七言

詩至三千七百餘首星羅碁布宛若天成起宗

錄以見贈讚歎之餘爲書如是東之之跋傾倒

起宗至矣惜未詳其生平亦一鈌陷事余謂作

者繹者皆天壤間間氣所出俾後人得曉然讀

之何其幸歟別一本乃東海顧德基用晦所編

用五彩分章析爲十圖另一讀法亦可令人解

頤但用晦頗以未見起宗本爲恨耳

才調集十卷

余藏才調集三二是陳解元書棚宋槧本一是

錢後眞家藏舊鈔本一是影寫陳解元書棚本

閒嘗論之韋縠選此集每卷簡端題古律雜歌

詩一百首槩絕句于律詩中南宋人不復解此

今之詩家并不知絕句是律矣格律之間溯流

窮源未兔有詩亡之歎

中興間氣集二卷

渤海高仲武自至德元首終大曆暮年採二十

六人詩總一百三十二首命曰中興間氣集每

人冠以小序鑒公衡平果自鄶以下非所敢隸

焉此本從宋刻摹寫字句絕佳卽如朱灣詠三

詩首句獻玉屢招疑三獻玉也次云終朝省復

思三省三思也頷聯既哀黃鳥與還復白圭詩

三良三復也頸聯請益先求友將行必擇師益

者三友三人行也結云誰知不鳴者獨下仲舒

帷三年不鳴三年不窺園也後人不解詩義翻

疑三爲譌字妄改題曰詠玉凡元至明刻本皆

然不知唐人戲拈小題偶吟一律便自僑永有

味非若今之人詩成而後着題也世有玄對吾

語者始可與言詩矣

竇氏聯珠集一卷

聯珠之義蓋取一家皆列即曆法五星如聯珠

也凡詩于百首常字中行年字貽周羣字丹列

庠字胄鄉鞏字及封人各一傳刊于淳熙五年

此乃影宋本舊鈔也

松陵集十卷

從來唱和之作無有如曾望襄美驚心動魄富

有日新者直所謂凌轢波濤穿穴險固因瑣怪

異破碎陣敵卒造平淡而後已此從宋刻影錄

前二卷猶是絳雲爐餘北宋槧本洪治中劉濟

民刻是集都玄敬爲之校讎初視之甚古雅惜

非宋本行次

唐僧弘秀集十卷

寶祐第六春菏澤李龍羿和父編共僧五十二人

得詩五百首此係元人鈔本舊藏楊君謙家子

獲之于孫岷自岷自購一古圖記刻鏤孫江字

絕佳苦愛之即改名江亦吾鄉俊民也

西崑酬唱集二卷

五七言律詩二百四十七章屬和者十有五人

取玉山策府之名命之曰西崐酬唱集楊億爲
之序憶丁亥戊子歲予始弱冠交于巳盦定遠
兩馮君時時過予商確風雅互以蒐討異書爲
能事一日巳盦先生來池上安榴正盛開爛然
照眼君箕踞坐几上矯尾厲角極論詩派源流
格之何以爲格律之何以爲律西江何以反乎
西崐反覆數十言開子茅塞寔多但不得覲西
崐集共相惋惜耳未幾君爲酷吏礔砆死屈指巳
一十六七年泉路交期頻于夢中哭君而巳余

賣菁文之巳卷四總集　三九

後得此集繙閱之因記滄浪吟卷曰西崑體即

李商隱體然兼溫庭筠及本朝楊劉諸公而名

之者按西崑之名剏自楊劉諸君及吾遠祖思

公大年序之甚明其詩皆宗商隱故宋初內晏

優人有撏撦義山之誚今云即商隱體而兼庭

筠是統溫李先西崑之矣且及之云者楊劉反

似西崑繼起之人疑誤後學似是寔非積學君

子排斥嚴儀高棟不少寬假者豈好辨哉今世

奉吟卷爲金科玉條何也

傳芳集二卷

宋綬序傳芳集云彭城八纂其宗門歌詩凡得
格律長言四十五首合爲一編族子仙芝又纂
爲五卷目曰後集今此本乃忠靖公十二世孫
楞所刊者上卷自吾祖武肅王至浙東提刑共
二十四人下卷自澹軒先生至石泉生共三十
八人總詩一百三十二首未知與宣獻公所序
本合否吾祖還鄉歌曰三節還鄉兮掛錦衣碧
天朗朗兮愛日暉功臣道上兮列旌旗父老遠

迎兮來相隨家山鄉巷兮會時稀兮朝設燕兮

舥散飛牛羊撫字兮民無欺吳越一王兮駟馬

歸五代史刪爲四句雖見歐公前剪裁之妙然非

此集末由見吾祖之全璧且歌中豪上之氣誠

有足配漢高皇者吾子孫其知之

經所以有好自用之戒也

古今歲時雜詠四十六卷目錄二卷

宋宣獻公綬裒集前人歲時篇什編成二十卷

名曰歲時雜詠紹興丁卯眉山蒲積中致歟又

取歐陽蘇黃荊公聖俞文潛無巳輩流逢時感

慨之作附古詩後列爲今詩卷次犖然洵大觀

也此等書除宋刻繕寫外別無刊本流布將來

蕪沒無傳甚可惜耳

和西湖百詠詩一卷

咸淳壬申靜傳居士董嗣杲作西湖百詠詩序

讀書敏求記卷四　總集

河汾諸老詩集八卷

以行于世和之者餘姚陳贄惟成也

幽蘭一炬遺山爲金源逸民以詩雄鳴于太原

平陽間集中麻革信之張宇彥誠陳庚子颺陳

之謙益甫諸老咸與遺山游大德辛丑房祺編

庚子京房灝希白段克巳復之段成巳誠之曹

次此集古律二百一首而遺山弗與今觀其序

所以張遺山者特甚蓋以一時之宗匠尊之故

不錄其詩于集中耳

大雅集八卷

天台頗良善卿編輯一時名人詩或人一篇或

人數篇勒成一集鐵崖道人名之曰大雅首冠

以序刊于至正壬寅席帽山人又爲後序書于

卷末

谷音二卷

谷音二卷共二十九人人各一小序總詩一百

首徐于王跂云杜本伯原所輯宋遺民之作此

爲于王所藏牧翁所校正者余觀諸人皆具陁

寒石碏落之才微此書幾有名氏翳如之歎

盤谷唱和前後集二卷

陳谷閒閒先生傳曰先生諱鷹字仕端誠意伯

基之嫡孫叅政君璉之冢嗣也洪武庚午襲封

以叔閣門使事有連遣歸里築室西雞山之下

名曰盤谷掇其景之最勝者八賦詩與海內名

公唱和此集之所由作也傳又云洪武丁丑先

生之季誥闕朝賀上不悅遂有酒泉之眨太祖

賓天得還今上肇登大寶先生入覲恩眷尤隆

終不奪其林泉之志觀此則永樂中先生尚在

而吾學編諸書謂襲封之次年九月卒者皆謬

也此傳附于集後微此傳則先生罷官遺成之

本末皆莫得而考矣執史筆者其知之乎

聲畫集八卷

聲畫集八卷不著編者名氏古今題畫之什咸

採聚焉卷初老子畫像詩爲劉莘老所作後人

寫書目竟定爲莘老集者誤也

郭豫亨梅花字字香二卷

梅花詩自枝橫花遠擅美于前踈影暗香踵華
于後雖有繼聲者難乎其成咏矣青丘復能削
去繁詞獨標新致牧翁謂此諸公從衆香國來
與梅花持世各數百年然予吟老杜幸不折來
傷歲暮句覺梅之遠神又不在前村深雪縞衣
扣門時也郭君採衆言以為已長天真獨發如
出自然下視中峰百咏海票移日倚和之彼為
百筞伯矣書刊于至正辛夾字畫勁秀亦如梅
之老幹虬枝亞影踈窓殊可愛也

朝鮮詩四卷

東國風被聲教崇尚文雅卷中詩彬彬可觀其

新羅納祗王憂思曲與古詞鴟迷嶺二篇可補

東史闕遺

詩文評

任昉文章緣起一卷

梁新安太守樂安任昉著此書凡八十五題洪

适曰墓誌皆漢人大隸此云始于晉曰蓋丘中

之刻當其時未露見也

劉勰文心雕龍十卷

此書至正巳未刻于嘉禾弘治甲子刻于吳門

嘉靖甲子刻於新安辛卯刻于建安癸卯又刻

于新安萬曆巳酉刻于南昌至隱秀一篇均之

關如也錢功甫得阮華山宋槧本鈔補始爲完

書功甫名允治老屋三間藏書充棟其嗜好之

勤雖白日檢書必秉燭緣梯上下所藏多人間

罕見之本有李師師外傳一卷收翁屬借不與

此書種子斷絕亦藝林一恨事也嗟嗟功甫以

老書生徒千積聚奇書滿家今世負大力者果

能篤志訪求懸金重購則縹囊緗帙有不郅車

而至者乎然我聞墨林項氏每遇宋刻郎邀文

氏二承鑒別之故藏書皆精妙絕倫虛心諮決

此又今人之師也今人奈何不師之

蒼崖先生金石例十卷

蒼崖先生潘氏諱昂霄字景梁濟南人取古昔

碑碣鐘鼎之文提綱舉要條分類聚名曰金石

例一至五卷則述銘誌之始而于貴賤品級埋

墓羊虎德政神道家廟賜碑之制度必辨焉六

至八卷則述韓文括例而于家世宗族取名妻

子死塟日月之筆削特詳焉九卷先正格言十

卷史院凡例至正五年先生少子敏中爲饒理

官屬郡士楊本端如輯其次第而刊行之

墓銘舉例四卷

唐取昌黎晋之河東三家宋取歐蘇數公錄所

載墓誌銘之目而舉其例于各題之下神道碑

銘亦如之例之大要曰十有二誌銘之法于玆

頗備焉

風月堂詩話三卷

宋朱弁少章著萬曆庚申春月錢後人跋云燈
下讀少章傳即以風月堂詩話對坊刻一過念
公于氷天雪窖之中作幅巾林下之想爲之長
歎

臨漢隱居詩話一卷

宋魏泰道輔撰洪武九年丙辰映寫老人寫于
華亭集賢外波草舍雨窗時年八十老人即孫

道明也

歲寒堂詩話一卷

宋絳郡趙戒撰

西清詩話三卷

題無爲子撰經籍考之□或曰蔡絛使其客爲之
也

娛書堂詩話四卷

趙與虤威伯撰

艇齋詩話一卷

南豐曾季貍裘甫撰

蓮堂詩話一卷

海昌祝誠輯建陽精舍藏書

優古堂詩話一卷

吳幵正仲著

後邨詩話一卷

劉克莊著

碧溪詩話十卷

黃徹常明著常明投劾南歸寓興化之碧溪成

讀書敬文之巻四詩文評　罢

此書嘉泰三年癸亥其孫壽賡題于後而刊行之

北山詩話一卷

　不著撰人名字卷終跋二至嘉靖乙巳晁春陵大

史宋本錄

天廚禁臠三卷

　石門洪覺範撰

詩學禁臠一卷

　元清江范德機著

詩林要語一卷

梅磵詩話三卷　　　　　　　清江子范標德機述

　元吳興韋安居著安居與子昂同時人

學吟新咏一卷

　雲坡居士廖亭翟公厚述永樂壬寅張思安爲

之序此猶是其彙本也

詩法拾英一卷

斗城山人孫昭纂次

松石軒詩一卷

諸家老杜詩評五卷

竹林嬾仙撰

方深取其兄類集老杜詩史益以洪駒父詩話

已下凡八家編次成帙牧翁箋註頗有採于此

焉

詩體提綱十卷

標題江湖詩社聚編而序文以禪喻詩謂漢魏

盛唐入諸佛地位大曆元和以降證圓覺聲聞

果晚唐則小乘禪蓋影響嚴儀嘿餘而衍其說

者不知聲聞即小乘也書此以正之

詩學權輿二十二卷

弋陽黃溥澄濟撰觀其採錄頗勤用心亦良苦

矣惜乎下劣詩魔入其肺腑徒矜淵博不明持

擇終成傴師革膠之戲耳

竹莊詩話二十四卷

竹莊居士不知何時人遍蒐古今評雜錄列其

說于前而以全首附于後乃詩話中之絕佳者

至以少卿雙鳧相背飛相遠曰已長句出自古

文苑

韵語陽秋二十卷

丹陽葛立方常之撰朱性甫借得此書宋槧本

邢麗文命工摹寫二部舉其一贈性甫朱守中

又從性甫借歸弘治癸亥金成性錄成此本守

中爲題其卷尾三君皆衡山好友安貧樂志吳

中雅士也常之詩話無足取存此見前輩嗜好

之勤互以鈔書爲風流罪過亦藝林美談也

滄浪吟二卷

滄浪復吳景仙書僕之詩辨乃斷千百年公案
誠驚世絕俗之談又云來書謂忽被人捉破發
問何以答之僕正欲人發問而不可得其封已
貢高師心目是數百年來學人為其參詞壓倒
從無卓識士訟言破尓之何耶他不具論即如
詩辨云先須熟讀楚詞朝夕諷咏以為之本別
一條云九章不如九歌九歌哀郢尤妙殊不知
九歌中有哀郢否吾恐滄浪于楚詞不唯不熟
兼亦未嘗讀也哆口妄談似說鬼說夢斷千百

五二

年公案若是之驚世絕俗乎當時有人以此挺

破發問之將何以答乎今取其言聊發一端以

告世之學吟者予豈好辯哉

詞

花間集十卷

趙崇祚集唐末才士長短句歐陽烱爲之弁語

可繼孝穆玉臺序文紹興十八年濟陽晁謙之

刊正題于後鏤板精好楮墨絕佳宋槧本之最

難得者也

弇陽老人絕妙詞選七卷

弇陽老人選此詞總目後又有目錄卷中詞人

大半余所未曉者其選錄精凡清言秀句層見

疊出誠詞家之南董也此本又經前輩細勘批

闕姓氏下各朱標其出處里第展玩之心目了

然

梅花十卷

王晦叔曰吾友黃載方歌詞直與唐名輩相角

所居齋前梅花一枝甚盛因錄唐以來詞人才

士之作凡數百篇爲齋居之玩名曰梅苑其樂

府號廣變風有賦梅花數曲亦自奇特晦叔稱

許載方如此余今復觀其書聲聲慢俱作勝勝

慢未敢率意改之

東坡樂府一卷

東坡樂府刻于延祐庚申舊藏注釋宋本穿鑿

蕪陋殊不足觀棄彼留此可也

讀書敏求記卷四終

吳興趙孟升用亨校字

讀書敏求記卷四 詞

乙巳季冬吳興趙子用亨過予出錢遵王先生讀書

敏求記見眡其所載胥宋元刻善本世所罕覯能考

其從來而評騭其是非洵博雅嗜古君子也今逢衣

徒率枵中捷口束書不觀宜是編尚未刊布趙子將

板行之可曰知其志矣趙子爲文敏少業奕少有才

辭美茂暢洽播於時流廣幾克浚其始予竊有厚望

焉爲題數語踈之上海曹一士